l'Œuvre

FERNAND NOZIERE

LES OISEAUX

Fantaisie en 2 Actes

d'après ARISTOPHANE (Traduction LASCARIS)

Édité par l'ŒUVRE
22, Rue Turgot, PARIS

PRIX : 1.50 NET

Tous droits de reproduction, de traduction, d'adaptation et de représentation réservés pour tous pays.
Copyright by LUGNÉ-POE, 1911.

A SUZANNE-DESPRÉS

parce que je l'admire et parce que nous aimons tous deux... Le Canard.

FERNAND NOZIÈRE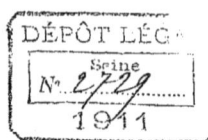

LES OISEAUX

Fantaisie en 2 Actes

d'après ARISTOPHANE (Traduction LASCARIS)

Personnages.

La Grue.	Mlles LOUISA DE MORNAND
La Nymphe	ANDRÉE DE CHAUVERON
Le Roitelet	SÉPHORA
La Huppe	MM. SAVOY
Le Canard	LUGNÉ-POE
Pisthétérus	REYNAL
Evelpide	H. VALBEL
Le Hibou	DUPONT
L'Aigle	MARQUET
Le Serin	LAGRENÉE
Xanthias	LEYSSAC
Manès	BASTIDE
Jupiter	HENRY PERRIN
Bacchus	DONNIO
Le Dieu de Pierre	FREY
Le Faune	PAUL CHEVALET

La scène représente un plateau aux environs d'Athènes. On y accède par une route qui aboutit à droite à un chemin rocailleux ; quelques grosses pierres, çà et là, sur l'herbe. A gauche, la lisière du bois. Au fond, on aperçoit la ville aux blanches maisons et aux beaux temples.

Cette pièce a été représentée pour la première fois par le Théâtre de l'ŒUVRE, sur la scène du Théâtre Antoine, le 6 Mai 1911.

LES OISEAUX

ACTE PREMIER

SCÈNE PREMIÈRE

XANTHIAS ET MANÈS. — *Les deux esclaves Xanthias et Manès arrivent gaîment par le fond. Manès porte une outre de vin. Ils escaladent lestement les rochers.*

XANTHIAS, *se laissant tomber à terre.*
    Ouf !

MANÈS
    Les deux vieillards monteront lentement la côte.

XANTHIAS
    Nous avons le temps de boire un coup de vin à leur santé.

MANÈS, *lui tendant l'outre.*
    Ce sont de pieux Athéniens. Ils ont emporté ce liquide pour le répandre en l'honneur des dieux et obtenir leur protection.

XANTHIAS *boit religieusement.*
    Que mon gosier leur soit favorable !

MANÈS, *de même.*
    Que mon ventre les bénisse !

XANTHIAS, *soupirant d'aise..*
    Nous sommes bien ici, loin de la ville.

MANÈS, *mélancolique.*
    Au bout du monde !

XANTHIAS
    Ne raille pas : il y a entre Athènes et nous une bonne distance.

MANÈS, *comme plus haut.*
    J'aperçois à peine les blanches maisons de la ville.

XANTHIAS

Tu regrettes déjà la cité aux beaux temples ?

MANÈS

Non ! Mais une petite joueuse de flûte à la peau noirâtre et aux lèvres rouges.

XANTHIAS

Tu la reverras.

MANÈS

Trop tard, peut-être. Car nul ne peut savoir quand nos maîtres atteindront le pays chimérique qu'ils poursuivent.

XANTHIAS

Le royaume des oiseaux ! Nos maîtres sont des philosophes profonds !...

MANÈS

Ou gâteux !

XANTHIAS

Oh ! Manès.

MANÈS

Quand un homme à barbe blanche prononce gravement des phrases obscures, il est bien difficile de savoir s'il a du génie ou s'il est idiot. Vois ces deux fantasques auxquels nous devons obéir. Ils ont chaud sur les routes, ils s'épuisent à gravir cette colline, quand ils pourraient vivre tranquilles dans leurs claires demeures. Sont-ils des héros ou des grotesques ? Nul ne peut le décider encore. Seul, le succès permet de classer les hommes.

XANTHIAS

Il faut attendre la fin de l'aventure.

MANÈS

Oui, Xanthias, pour juger les actions des mortels il faut toujours attendre la fin de l'aventure, et, quand l'aventure est terminée, il convient encore de réserver notre opinion : ainsi le veut la sagesse. Les gamins de la ville se sont moqués de ton maître Pisthétérus, qui part pour un lointain voyage en tenant une corneille dans sa main, et de mon maître Evelpide, qui écoute pieusement un geai babillard. Regarde : il est très vrai que ces citoyens porteurs de volailles paraissent ridicules. Et cependant s'ils découvraient un royaume ?

XANTHIAS

J'admire comme toi leur enthousiasme et leur désintéressement ; car rien ne les oblige à s'exposer au danger : ils agissent ainsi par amour de la science !

MANÈS

En vérité, ton Pisthétérus fut trahi par la démocratie aux seins fatigués et mon Evelpide fut trompé pas sa jeune maîtresse : c'est pourquoi ils s'éloignent d'Athènes. Ils fuient la ville où ils furent cocus. Ils s'élancent à la conquête de l'impossible pour que les hommes ne rient plus sur leur passage. Nombre de nos citoyens s'exposeraient au martyre plutôt qu'à la raillerie.

XANTHIAS

C'est qu'ils n'ont jamais reçu, comme nous, des coups de fouet.

MANÈS

Encore un coup de vin ?

XANTHIAS, *se levant.*
>Tu ne crains pas que les deux héros ne nous surprennent ?

MANÈS
>Fais vite !

SCÈNE DEUXIÈME

Tandis que Xanthias boit, entrent PISTHÉTÉRUS ET EVELPIDE. *Pisthétérus porte une corneille et Evelpide un geai.*

PISTHÉTÉRUS, *en colère, à Xanthias.*
>Par Zeus, tu bois le vin destiné aux dieux !

XANTHIAS, *essuyant sa bouche.*
>Non ! Je le jure !

PISTHÉTÉRUS
>A-t-on jamais vu un esclave aussi impudent ? Je le ferai fouetter !

EVELPIDE, *calmant Pisthétérus.*
>Non.

PISTHÉTÉRUS
>Non ?

EVELPIDE
>Non ! Ecoute un peu. (*Il amène Pisthétérus sur le devant du théâtre.*) Observe que nous sommes dans la campagne, loin de la ville, et que mon esclave Manès fera certainement alliance avec ton esclave Xanthias. Nous pourrions bien recevoir le châtiment dont tu le menaces. Quand les faibles s'unissent, les forts, qui n'ont plus le sentiment d'être les plus forts, doivent faire preuve de générosité.

PISTHÉTÉRUS
>Mais le prestige des classes dirigeantes ?

EVELPIDE
>Tu as raison. Cherchons un terrain d'entente. Ayons l'air de ne rien céder en faisant toutes les concessions.

PISTHÉTÉRUS
>Tu es un homme de gouvernement, Evelpide.

EVELPIDE
>Je n'ai même pas su gouverner ma maîtresse. C'est que je suis un doux.

PISTHÉTÉRUS
>La main de coton dans le gant de velours ! C'est une formule que les femmes n'aiment pas, mais qui est chère à la démocratie.

EVELPIDE
>Il serait temps d'adresser aux esclaves des paroles nobles et saines. Il me semble qu'ils se concertent et qu'ils s'apprêtent à nous rouer de coups.

PISTHÉTÉRUS
>Tu as raison. (*Il va doucement vers Xanthias*) Tu disais donc, Xanthias, que tu ne buvais pas le vin des dieux ?

XANTHIAS

Non ! Par Dionysos ! Je faisais une libation en l'honneur d'Hermès, dieu des voyages.

EVELPIDE

Et pourquoi ?

MANÈS

Mais nous le remercions de nous avoir conduits au but.

PISTHÉTÉRUS

Quoi ?

XANTHIAS

Nous sommes arrivés au royaume des oiseaux.

EVELPIDE

Déjà ?

MANÈS

C'est dans ce bois sacré qu'ils se réunissent.

PISTHÉTÉRUS

Tu te moques de moi ?

XANTHIAS, *menaçant*.

Comment ?

EVELPIDE, *s'interposant avec douceur*.

Il veut dire que tu fais erreur. Nous connaissons ces arbres. Sous leur ombrage les artisans d'Athènes viennent se promener, les jours fériés, avec leurs petites amies. Ils auraient bien vu l'assemblée des oiseaux.

MANÈS

Ils ne songent qu'à l'amour. Ils n'aperçoivent que les cheveux, les yeux, les joues, le cou, la gorge, le...

PISTHÉTÉRUS

Assez !

MANÈS

De leurs amies.

EVELPIDE

C'est déjà quelque chose.

XANTHIAS

Comment auraient-ils observé que c'est ici le royaume des oiseaux ?

PISTHÉTÉRUS

Tu railles ! S'il en était ainsi, ça se saurait.

MANÈS

Oh ! les paroles irritantes : ça se saurait ! L'hommage rendu à l'ignorance des ancêtres : ça se saurait ! La barrière dressée devant les recherches de demain : ça se saurait !

PISTHÉTÉRUS

Calme-toi !

EVELPIDE

Mais, vous, comment avez-vous deviné que c'est ici le royaume des oiseaux ?

MANÈS
>Comment ?

EVELPIDE
>Oui !

XANTHIAS
>Vous voulez une raison ?

PISTHÉTÉRUS
>Certes !

MANÈS, *à Xanthias.*
>Les Athéniens ont un goût immodéré pour la logique.

XANTHIAS, *à Manès.*
>C'est de là que vient cet esprit de chicane qui est si nuisible aux intérêts de la patrie.

PISTHÉTÉRUS
>Eh bien ?

EVELPIDE
>Répondez !

MANÈS
>Hommes de peu de foi !

XANTHIAS
>C'est un miracle.

MANÈS
>Une révélation.

XANTHIAS
>Un dieu m'a dit tout bas...

MANÈS
>Et cependant je l'ai entendu.

XANTHIAS
>Un dieu m'a dit : « C'est ici le royaume des oiseaux ».

PISTHÉTÉRUS, *se dirigeant vers le bois.*
>Nous allons bien voir.

MANÈS, *cherchant à arrêter les deux vieillards qui vont vers le bois.*
>Il se peut d'ailleurs que ce dieu soit un imposteur.

XANTHIAS, *de même.*
>Il y a des divinités menteuses.

MANÈS, *de même.*
>Il y a un très grand nombre de divinités menteuses.

EVELPIDE
>Oui ! Oui !

XANTHIAS, *comme plus haut.*
>Elles forment même une écrasante majorité.

PISTHÉTÉRUS
>C'est certain.

MANÈS, *comme plus haut.*

Quand des hommes entendent une voix mystérieuse, il sied d'examiner s'ils sont les victimes de l'éternel farceur ou les favoris de l'immense intelligence.

EVELPIDE

Nous allons résoudre cette petite difficulté.

PISTHÉTÉRUS, *consultant sa corneille.*

Tu ne fais pas un signe, oiseau que j'ai payé une obole.

EVELPIDE, *à son geai.*

Tu ne dis rien, guide qui m'en coûta deux. Est-ce ici le royaume des oiseaux ? Tu te tais !

PISTHÉTÉRUS, *écartant les branches du bois.*

Est-ce ici le royaume des oiseaux ?

UN ROITELET *apparaît.*

Mais oui, c'est ici ! Ne criez pas si fort.
(*Il rentre. Pisthétérus et Evelpide s'enfuient, tandis que, succombant à la stupeur, Xanthias et Manès tombent à terre.*)

SCÈNE TROISIÈME

XANTHIAS ET MANÈS, PUIS PISTHÉTÉRUS ET EVELPIDE.

XANTHIAS, *ayant regardé Manès longuement et remué la tête.*

Eh bien !

MANÈS

Je me demande si je ne dois pas me prosterner devant toi, Xanthias. Est-il donc vrai qu'un souffle divin t'anime et que tu possèdes une clairvoyance surnaturelle ?

XANTHIAS

Je n'y comprends rien. Mon maître voit que je bois son vin ; je cherche un moyen d'excuser ma faute, j'imagine un mensonge peu ingénieux et il se trouve que ce mensonge est la vérité même.

MANÈS

Tu es un inspiré.

XANTHIAS

Je n'ose le croire, car je sais bien que je n'ai eu qu'un but : voiler ma faute.

MANÈS

Tu sais bien... Tu sais bien... Je te dis que tu ne sais rien.

XANTHIAS

Bah ?

MANÈS

Tu as obéi à une force inconsciente et sans doute divine. Tu pensais ne servir que tes intérêts et, en réalité, tu travaillais pour une grande cause : c'est l'esprit prophétique.

XANTHIAS

Merci ! Mais toi-même ne m'as-tu pas secondé ?

MANÈS

C'est juste !

XANTHIAS

Et pourquoi ?

MANÈS

Parce que les filous m'ont toujours été sympathiques.

XANTHIAS

Parle mieux ! Avoue que la vérité que j'annonçais t'avait aussitôt séduit.

MANÈS

Oui, car j'étais bien aise de m'arrêter ici, de ne pas trop m'éloigner d'Athènes, où j'ai laissé la petite joueuse de flûte à la peau noire, aux lèvres rouges.

XANTHIAS

Tu as aussitôt propagé la doctrine que j'exposais.

MANÈS

Oui.

XANTHIAS

Tu es mon apôtre.

MANÈS

J'y consens. Mais, Xanthias, ne conviendrait-il pas de rendre hommage à la puissance surnaturelle qui nous protège ?

XANTHIAS

C'est le moment. O divinité, accepte nos remerciements. Nous courions grand risque d'être rossés parce que nous avions menti et il se trouve que nous sommes innocents. Non seulement nos maîtres ne nous battront pas, mais ils nous combleront peut-être d'honneurs.

MANÈS

Sois loué, pouvoir capricieux, qui changes la destinée des hommes. Ce financier va être jeté en prison, parce qu'il a réduit des familles à la misère. Tout à coup, ces familles sont riches et le financier, qui possède des sacs d'or, est béni par les chefs et les pontifes.

XANTHIAS

Ce général était sur le point d'être vaincu. Il songeait déjà qu'il partirait pour l'exil ; mais l'aspect de la bataille n'est plus le même. L'imprévoyance devient une suprême habileté, les fautes de tactique sont des traits de génie.

MANÈS

Je m'agenouille devant toi, mystificateur dont la verve ne se fatigue jamais..

XANTHIAS

Dieu plus grand que tous les dieux.

MANÈS

Hasard ! Merveilleux hasard !

(*Ils sont agenouillés. Pisthétérus et Evelpide entrent timidement.*)

PISTHÉTÉRUS

Ils prient !

EVELPIDE

Respectons leur méditation !

PISTHÉTÉRUS

Il me semble que le monstre qui défendait l'entrée du bois a disparu.

EVELPIDE
> Tu crois ?

PISTHÉTÉRUS
> Peut-être nos vaillants esclaves l'ont-ils assommé ?

EVELPIDE
> Ce sont des hommes d'une grande force.

XANTHIAS, *apercevant Pisthétérus.*
> Je priais les dieux de t'être favorable et de te conserver tous tes biens.

PISTHÉTÉRUS
> Je te rends grâce. C'est pourquoi sans doute j'ai perdu ma corneille.

EVELPIDE
> Tu as eu si peur, en apercevant le monstre, que tu as lâché ton oiseau.

PISTHÉTÉRUS
> Et le tien ? Où est ton geai ?

EVELPIDE
> Mon geai ? Je lui ai rendu la liberté, puisque nous sommes arrivés dans le royaume des oiseaux.

PISTHÉTÉRUS
> Tu l'as lâché. Tu es aussi poltron que moi. Mais tu as l'esprit subtil.

EVELPIDE
> Je suis brave.

PISTHÉTÉRUS
> Tu trembles encore.

EVELPIDE
> C'est d'une sainte émotion.

MANÈS
> Maîtres, ce n'est pas l'heure de la dispute. Il convient de nous unir pour les événements prochains.

PISTHÉTÉRUS
> C'est juste. Dis-moi, Xanthias, que va-t-il arriver ?

XANTHIAS
> Je n'en sais rien.

EVELPIDE
> Je croyais que tu entendais la voix des dieux.

XANTHIAS
> Je l'avais oublié. C'est si récent !

PISTHÉTÉRUS
> Ecoute ! Prête l'oreille !

XANTHIAS
> Oui ! Oui !

EVELPIDE
> Eh bien ?

XANTHIAS
    J'entends un vague murmure...

PISTHÉTÉRUS
    Ah !... Prends cette pièce !...

MANÈS
    Moi aussi ! Moi aussi ! Je distingue même des paroles.

EVELPIDE
    Que dit le dieu ?

MANÈS
    Il dit : « Donne deux pièces à ton serviteur Manès ».

XANTHIAS
    « Et trois à ton esclave, Xanthias. »

EVELPIDE
    Ce sont peut-être des devins ?

PISTHÉTÉRUS
    Ce sont certainement des filous.
    (*Il se dirige vers le bois.*)

XANTHIAS
    Ne t'expose pas au danger sans mon aide !

PISTHÉTÉRUS
    Bah ! Tu ne me serais d'aucune utilité.

EVELPIDE
    Allons !

PISTHÉTÉRUS
    Roi des oiseaux, donne-nous audience.

SCÈNE QUATRIÈME

Les Mêmes, La Huppe, Le Roitelet.

LA HUPPE, *entre, ayant à sa suite le roitelet qui imitera tous ses mouvements et tous ses gestes.*
    Encore des solliciteurs !

PISTHÉTÉRUS
    Es-tu le souverain de ce peuple ?

LA HUPPE
    Ne le vois-tu pas ?

EVELPIDE
    Tu es bien déplumé.

LA HUPPE
    C'est la mue. Nous traversons une crise. Je ne te cacherai pas que mon autorité n'est plus absolue : tu t'en apercevras bientôt. Le peuple contrôle mes arrêts et, ce qui est plus grave, mes dépenses !

PISTHÉTÉRUS
    Tu es son chef, cependant ?

LA HUPPE
>   Certes, comme l'atteste la touffe de plumes qui frissonnent sur ma tête.

EVELPIDE, *montrant le roitelet.*
>   Et celui-ci ?

LA HUPPE
>   Ne le reconnaissez-vous pas ? C'est le roitelet. C'est lui qui, tout à l'heure, vous a fait accueil.

PISTHÉTÉRUS
>   Il m'avait paru redoutable.

EVELPIDE
>   Mais il est tout petit.

LA HUPPE
>   Il vous semble inoffensif et insignifiant parce qu'il n'est plus sur le seuil de la forêt, à sa place. Il n'est important que dans l'exercice de ses fonctions. Il crie, il bat des ailes, il fait trembler tous ceux qui l'aperçoivent.

PISTHÉTÉRUS, *faussement brave.*
>   Tu exagères !

LA HUPPE
>   Mais il est en réalité aussi chétif et aussi bête qu'un oisillon tombé du nid.

EVELPIDE
>   C'est ton concierge ?

LA HUPPE
>   C'est plutôt, si j'ose dire, un groom.
>   (*Xanthias et Manès qui écoutaient de loin la conversation se rapprochent.*)

XANTHIAS, *avec intérêt.*
>   C'est un esclave ?

MANÈS, *de même.*
>   C'est un confrère ?

PISTHÉTÉRUS
>   Il ne parle pas ?

LA HUPPE
>   Jamais quand je suis là. Mais en mon absence il élève la voix, il choisit les mots que j'emploie, il imite mes gestes. Il fait d'ailleurs plus de bruit que moi et ses mouvements sont plus violents. C'est ma caricature. Il me représente.

EVELPIDE
>   Et quel mérite singulier lui a valu l'honneur d'être ton représentant ?

LA HUPPE
>   Sa jeunesse, un peu sénile.

PISTHÉTÉRUS
>   Il y a ici beaucoup d'oiseaux de cette espèce ?

LA HUPPE
>   Il y en a une nuée autour de chaque ministre.

XANTHIAS
>   La place est-elle bonne ?

MANÈS
>Est-on bien nourri ?

LA HUPPE
>On est rassasié d'honneurs et abreuvé de distinctions.

XANTHIAS
>C'est peu.

MANÈ
>Et tu trouves, à ce prix, nombre de serviteurs ?

LA HUPPE
>Plus que je n'en veux !

XANTHIAS
>Etrange !

LA HUPPE
>Mais vous plairait-il de me faire connaître l'objet de votre visite ?

PISTHÉTÉRUS
>Nous avons quelque peine à parler...

LA HUPPE
>Pourquoi ?

EVELPIDE
>Devant des esclaves !

LA HUPPE
>Vous avez raison. Ils voudront bien entrer dans la forêt.

XANTHIAS, *à Manès.*
>Allons, camarade.

MANÈS
>On redoute notre esprit critique.

>(*Ils entrent dans la forêt*).

LA HUPPE, *au roitelet qui n'a pas bougé:*
>Eh bien ! mon petit ! Tu n'as pas compris ? Il s'agit d'affaires sérieuses et non d'une fête locale.

>(*Le roitelet sort, très digne.*)

SCÈNE CINQUIÈME

LA HUPPE, PISTHÉTÉRUS ET EVELPIDE.

PISTHÉTÉRUS, *regardant sortir le roitelet.*
>Il est en colère !

LA HUPPE
>Il est nécessaire de rappeler parfois aux oiseaux de cette espèce qu'ils ne sont rien.

EVELPIDE
>Tu es un souverain très sage.

LA HUPPE
>Et maintenant, parlez !

PISTHÉTÉRUS
>Ce n'est pas facile.

LA HUPPE, *très doux.*
>Je devine. Il s'agit d'une affaire de mœurs.

EVELPIDE, *protestant.*
>Mais non !

PISTHÉTÉRUS, *de même.*
>Nous sommes d'honnêtes citoyens !

LA HUPPE
>Qui vous dit le contraire ? Ne suis-je pas honnête ?

PISTHÉTÉRUS
>Nul n'en doute !

LA HUPPE
>Et cependant, quand j'étais roi de Thrace, quand je m'appelais Térée, j'ai fait violence à ma belle-sœur et je lui ai coupé la langue pour qu'elle ne racontât pas cet incident.

EVELPIDE
>Elle aurait pu en écrire le récit.

LA HUPPE
>Oui ! Si elle avait su écrire ! Mais son éducation avait été très négligée.

PISTHÉTÉRUS
>Une princesse n'a pas besoin d'être aussi savante qu'une esclave.

LA HUPPE
>N'est-ce pas ?

EVELPIDE
>Mais pourquoi nous racontes-tu tes histoires de famille ?

LA HUPPE
>Ça m'amuse, et d'ailleurs elles appartiennent à l'humanité. Donc, quand j'eus accompli l'action fantaisiste que vous savez, ma belle-sœur parvint, cependant à faire comprendre à ma femme ce qui s'était passé...

EVELPIDE
>Comment ?

LA HUPPE
>Par la pantomime !

PISTHÉTÉRUS
>J'ai horreur de la pantomime !

LA HUPPE
>Moi aussi. Les deux femmes s'avisèrent de tuer mon fils Itys, de l'accommoder en ragoût et de me le servir.

EVELPIDE
>Il était bon ?

LA HUPPE
>Très bon. C'était un excellent enfant, très tendre.

EVELPIDE

Et alors ?

LA HUPPE

Vous voyez bien que ça vous intrigue.

EVELPIDE

Je l'avoue.

LA HUPPE

Quand j'appris que j'avais digéré mon fils, je tirai mon épée pour tuer les deux mégères. Mais les dieux intervinrent. Ils comprirent que ces drames de famille étaient contraires à la dignité royale. Ils me changèrent en huppe. Ma femme Procné devint hirondelle, ma belle-sœur, Philomèle, rossignol, et Itys, mon enfant chéri, chardonneret. Qu'en dites-vous ?

PISTHÉTÉRUS

Mais je dis, grand roi, que ces événements sont inattendus, pittoresques et doucement absurdes.

LA HUPPE

Pourquoi donc ?

EVELPIDE

Je ne voudrais pas blesser l'orgueil légitime que t'inspirent ces souvenirs de famille ; mais je pense comme Pisthétérus.

LA HUPPE

C'est que vous ne comprenez pas le sens de ces métamorphoses. Les dieux auraient pu nous anéantir ; mais ils ont réfléchi et ils ont conclu que nous ne paraissions criminels que parce que nous étions des humains. En nous changeant en oiseaux, nos actions devenaient innocentes et banales.

EVELPIDE

Quoi ? Faire violence à sa belle-sœur !

LA HUPPE

Les oiseaux n'ont pas, comme vous, des scrupules sur la parenté.

PISTHÉTÉRUS

Une mère qui tue son enfant et le fait manger par son père !

LA HUPPE

La femelle qui brise l'œuf et se délecte de la cervelle filiale n'est pas une meurtrière ici.

EVELPIDE

Qu'est-elle donc ?

LA HUPPE

Une mauvaise couveuse. Vous voyez que les principes les plus sacrés de la morale varient de classe à classe, de genre à genre, d'espèce à espèce...

EVELPIDE

Arrête-toi !

PISTHÉTÉRUS

Tu allais dire : d'individu à individu...

LA HUPPE

Il ne faut pas prononcer des paroles si dangereuses et faire croire au peuple que la morale est personnelle comme la coiffure.

PISTHÉTÉRUS
Je suis bien aise de t'entendre parler ainsi. Tu m'avais fait peur.

LA HUPPE
Pour qui me prenez-vous ? Mon audace est toujours limitée par le respect que je dois à ma fortune. Je suis le roi des oiseaux. J'appartiens à la classe privilégiée. Je me garderai bien de corrompre le peuple en livrant à son mépris les principes qui le retiennent dans l'obéissance.

PISTHÉTÉRUS, *en confiance.*
Nous pouvons donc causer avec toi.

LA HUPPE
Que voulez-vous ?

PISTHÉTÉRUS
Nous voudrions...

EVELPIDE, *l'interrompant.*
Tu voudrais...

PISTHÉTÉRUS
Soit ! *Je* voudrais réunir tous les oiseaux dans une vaste cité et leur donner des lois bienfaisantes.

LA HUPPE
Mais, cher ami, que n'as-tu réservé à ta patrie, à la belle Athènes, le bénéfice de ton activité politique ?

PISTHÉTÉRUS
Hélas ! Nul n'est prophète en son pays !

LA HUPPE
Tes concitoyens t'ont refusé leurs voix ?

EVELPIDE
Ils lui ont cependant accordé leur attention. Ils l'ont écouté ; ils lui ont même jeté des coquilles de noix et des épluchures de fruits.

PISTHÉTÉRUS
Ce sont des idiots. Ils n'admirent que ceux qui leur ressemblent. Ne me parle pas du suffrage universel !

EVELPIDE
Oui, oui, c'est une institution qui parut toujours stupide aux candidats malheureux.

LA HUPPE
Elle semble plus absurde encore quand on considère les candidats qui triomphent.

PISTHÉTÉRUS
Ta parole m'est douce et je vois bien que tu es un sage. Tu comprendras mon projet, tu me seconderas.

LA HUPPE
Mais, Pisthétérus, ma situation est très délicate. Les oiseaux jouissent, depuis longtemps, de l'anarchie.

PISTHÉTÉRUS
L'anarchie ! Quelle honte ! Quoi ? Les faibles sont sans défense contre les appétits des forts. C'est monstrueux !

EVELPIDE, *à Pisthétérus.*

N'en sera-t-il plus ainsi quand tu auras établi une administration, une police, des tribunaux ?

LA HUPPE

Certes non ! Ou, du moins, si les faibles sont toujours opprimés par les forts, ils **auront** conscience de souffrir conformément aux décrets, d'agoniser avec ordre, d'être écrasés justement.

EVELPIDE

Justement ?

LA HUPPE

Oui, justement, c'est-à-dire avec l'assentiment des juges.

PISTHÉTÉRUS

C'est une grande consolation !

LA HUPPE

Tu as raison. Mais, Pisthétérus, comment proposerai-je aux oiseaux ce changement de régime ?

PISTHÉTÉRUS

N'es-tu pas leur roi ?

EVELPIDE

Votre état social n'est que contradiction !

PISTHÉTÉRUS

Tais-toi !

EVELPIDE

Non ! Non ! Je veux savoir comment un peuple peut vivre dans l'anarchie, **quand** il a un roi, des ministres...

PISTHÉTÉRUS

Rien n'est plus commun. Tu n'entends rien à la politique.

EVELPIDE

Je t'en conjure, souverain à la touffe de plumes, explique-moi ce mystère.

LA HUPPE

Je suis chargé de représenter ce peuple devant les étrangers, — devant vous, par exemple, — parce que je suis décoratif. Là se borne mon pouvoir.

EVELPIDE

C'est peu. Et les ministres ?

LA HUPPE

Ils se groupent autour de moi.

EVELPIDE

C'est tout ?

LA HUPPE

Ils remplissent aussi des fonctions qui se contrarient. Ainsi se crée un équilibre salutaire et l'anarchie peut subsister.

EVELPIDE

Par exemple ?

LA HUPPE

Le ministre de la guerre, je suppose, réclame des soldats. Il se heurte au ministre de la paix qui prêche le désarmement universel. Et, en attendant qu'ils se mettent d'accord, nous n'avons ni armée ni marine.

PISTHÉTÉRUS

Déplorable !

LA HUPPE

Le ministre du travail inquiète les pauvres, mais le ministre des finances fait peur aux riches.

EVELPIDE

Alors ?

LA HUPPE

Alors la population est tranquille. Elle a confiance dans les contradictions de ceux qui sont en place. Elle travaille ou elle est oisive, à son gré. Seuls, ceux qui sont à la tête de la nation croient que le gouvernement existe. L'Etat c'est nous, mais ça n'est que nous.

PISTHÉTÉRUS

Il est temps que je mette ordre à vos affaires.

LA HUPPE

Je n'y vois nul inconvénient. J'espère même que, grâce à toi, je ne serai plus obligé de poursuivre, chaque jour, une proie difficile à atteindre. Je vivrai dans l'oisiveté ; j'engraisserai et mon plumage sera plus abondant.

EVELPIDE

Comme tu aperçois vite les avantages de cette prochaine révolution !

LA HUPPE

C'est que j'étais naguère homme et roi.

PISTHÉTÉRUS

Donc, mon projet te séduit ?

LA HUPPE

Peux-tu en douter ?

PISTHÉTÉRUS

Nous allons l'imposer sur-le-champ à ton peuple.

EVELPIDE

L'imposer ? Tu veux dire que vous allez le lui soumettre.

LA HUPPE

C'est la même chose ! (*A Pisthétérus*) Un plébiscite, n'est-ce pas ?

PISTHÉTÉRUS

Parbleu !

EVELPIDE

Mais si vous aviez contre vous la majorité des citoyens ?

LA HUPPE

Enfant !

PISTHÉTÉRUS, *un peu inquiet, à la Huppe.*

Dis-moi, tu as l'habitude des consultations populaires ?

LA HUPPE

N'aie pas peur ! Epopoï, popoï, épopoï, popoï, par ici, par ici ! Vite ! Venez, mes compagnons qui avez des ailes. Vous qui pillez les guérets fertiles des laboureurs, innombrables tribus qui moissonnez l'orge et mangez les graines, race au vol rapide, au chant mélodieux ! Et vous, à la voix légère, qui autour des glèbes, poussez ce petit cri : « Tio ! Tio ! Tio ! Tio ! » Et vous qui, dans les jardins, vous cachez sous le lierre ! Oiseaux des montagnes qui mangez les fruits de l'olivier sauvage ou de l'arbousier ! Venez vite ! Trioto ! trioto, totobrix! Et vous qui, dans les vallées marécageuses, dévorez les moustiques au dard aigu ! Et toi, francolin aux ailes diaprées ! Et vous qui planez au-dessus des flots ! Volez ici, volez vite ! Venez aussi, oiseaux fâcheux qui annoncez l'avenir et nous obligez à lever la tête au risque d'attraper un tortitolis ! Venez ! Venez ! Un vieillard ingénieux nous est arrivé, un vieillard aux idées merveilleuses, un vieillard qui nous offre de ses mains ridées un avenir rose et blanc ! Ecoutez-le ! Ecoutez-le ! Venez ! Toroto ! Toroto ! Torotix ! Kikkoban, Kikkoban, Kikkoban ! (*Sur l'air de la Marseillaise*) : Torototototototix !

(*Nul oiseau n'entre en scène.*)

PISTHÉTÉRUS

Quelle foule !

LA HUPPE

Je suis assourdi par leurs cris !

PISTHÉTÉRUS

Ils viennent des plus lointaines contrées. Voici le flamant, ce colonial !

LA HUPPE

Et le perroquet, ce rastaquouère !

EVELPIDE, *surpris*.

Je ne vois rien ! Je ne vois rien !

PISTHÉTÉRUS

Ceux-ci ne sont pas plus gros que des mouches !

LA HUPPE

Et ils brillent comme des pierres précieuses !

EVELPIDE, *inquiet*.

Où donc ? Où donc ?

PISTHÉTÉRUS

Quelle noble assemblée !

LA HUPPE

Et quel enthousiasme !

EVELPIDE, *désespéré*.

Suis-je devenu aveugle ?

PISTHÉTÉRUS

Ils approuvent notre proposition.

LA HUPPE

Ils pleurent de joie et je sens qu'ils vont entonner le chant national. (*Sur l'air de la Marseillaise*) : Torototototototix !

PISTHÉTÉRUS

Kikkoban ! Kikkoban !

LA HUPPE ET PISTHÉTÉRUS (*sur l'air de la Marseillaise*).
>Torototototototix !

PISTHÉTÉRUS
>Merci, mes amis, merci !

LA HUPPE
>Vous pouvez vous retirer !

PISTHÉTÉRUS
>Les résultats de la consultation populaire...

LA HUPPE
>Sont nettement en notre faveur.

PISTHÉTÉRUS *à Evelpide.*
>L'unanimité... L'unanimité... Qu'en dis-tu ?

EVELPIDE
>Mais... rien... je ne comprends pas ?

LA HUPPE
>Comment tu ne comprends pas ? Tu viens d'assister à un plébicite !

PISTHÉTÉRUS
>Le peuple a fait connaître sa volonté !

EVELPIDE
>Je n'ai pas aperçu un seul oiseau !

PISTHÉTÉRUS, *raillant.*
>Tu as toujours eu de mauvais yeux.

EVELPIDE
>Je te vois cependant...

PISTHÉTÉRUS, *de même.*
>En es-tu bien sûr ?

EVELPIDE
>Je vois la Huppe ?

LA HUPPE, *ironique.*
>Bah ?

EVELPIDE
>Et je vois aussi celui-ci.
>(*Il montre le canard qui vient d'entrer*).

SCÈNE SIXIÈME

LES MÊMES, LE CANARD.

PISTHÉTÉRUS
>Le canard !

LA HUPPE (*à part*).
>C'est très ennuyeux (*aimablement, au Canard*) : Approche donc !

LE CANARD
>Merci !

LA HUPPE
>Tu sembles chercher quelque chose ?

LE CANARD
>Oui !

EVELPIDE
>Peut-on savoir ce que tu cherches ?

LE CANARD
>Une mare, un trou boueux, délicieusement plein d'une eau croupie.

EVELPIDE
>Oh ! fi !

LE CANARD
>Tu ne comprends pas la joie de voguer sur l'eau trouble, d'y plonger la tête et d'en retirer une proie qui a le goût de la vase ? Tu es insensible à cette volupté ? Mais vois comme les yeux de la Huppe et de ton compagnon brillent en écoutant mes paroles : sois-en sûr, ce sont deux gaillards qui, comme moi, se plaisent à barboter.

PISTHÉTÉRUS
>Tu es fou !

LA HUPPE
>Si tu viens pour nous adresser des injures, passe ton chemin.

LE CANARD
>Je viens assister à la consultation populaire. J'ai entendu ton appel.

PISTHÉTÉRUS
>Tu arrives trop tard.

LE CANARD
>Vraiment ?

LA HUPPE
>L'assemblée a déjà eu lieu et nous avons obtenu l'unanimité.

LE CANARD
>Moins une voix : la mienne.

PISTHÉTÉRUS
>Tu ne sais même pas de quoi il s'agit.

LE CANARD
>Que m'importe ? On ne vote jamais sur les questions, mais sur les personnes.

EVELPIDE
>Celui-ci, mon cher Pisthétérus, est un politicien !
>(*Il s'éloigne*).

LE CANARD
>Je vous refuse ma confiance.

LA HUPPE
>Pourquoi ?

LE CANARD
>Parce que je flaire ici une mare magnifique et que vous ne m'y faites point place. Coin ! Coin ! Coin ! Où donc est-elle l'eau à la surface verdâtre dont je hume tous les parfums ? Coin ! Coin ! Coin ! Sur la mousse qui la couvre volent des insectes

et courent des araignées dont je suis friand ! Coin ! Coin ! Coin ! Si vous me montrez le chemin, si vous me donnez part au festin, je chanterai avec vous : Coin ! Coin ! Coin ! Sinon, je dénoncerai vos crimes ! Traîtres ! Prévaricateurs ! Bandits ! Coin ! Coin ! Coin ! Tout le peuple des oiseaux entendra mon indignation vertueuse ! J'appellerai contre vous les honnêtes gens, et aussitôt toute la canaille se groupera autour de moi pour faire justice. Vous ne connaissez pas ma puissance. Je pousse toujours le même cri : c'est ma force ; les imbéciles me comprennent aussitôt et me suivent. Coin ! Coin ! Coin ! Je suis formidable ; le rugissement du lion est moins terrible que ma plainte nasillarde et monotone : Coin ! Coin ! Coin !

PISTHÉTÉRUS, *à la Huppe.*

Je crois qu'il serait bon de traiter avec cet animal. Peut-être se contenterait-il de quelques mouches ?

LA HUPPE

Non ! Non ! Je le connais. Ce n'est pas un amateur ; c'est un ambitieux de carrière : il faut l'associer à nos projets.

LE CANARD

J'attends votre décision.

LA HUPPE

Cher ami, tu as tort de croire que nous voulions agir sans toi.

PISTHÉTÉRUS

Nous savons bien que nous ne pouvons pas nous passer de ta collaboration. Nous n'ignorons pas que tu es intelligent et que tu as rejeté depuis longtemps cette entrave : le scrupule.

LE CANARD

Oui ! Oui ! J'ai de l'expérience.

LA HUPPE

Sache donc... (*Il regarde autour de lui*). Mais Pisthétérus, où est ton compagnon ?

PISTHÉTÉRUS

Il s'est éloigné. Il est là-bas, assis sur une pelouse ; il effeuille des marguerites pour savoir si la courtisane Xantippe l'a trompé parce qu'elle l'aimait passionnément ou parce qu'elle ne l'aimait pas du tout.

LA HUPPE

Personne ne nous écoute ?

LE CANARD

Non !

LA HUPPE

Apprends que nous voulons donner aux oiseaux les lois dont jouissent les hommes.

LE CANARD

Bien !

PISTHÉTÉRUS

Nous les réunirons dans une vaste cité.

LE CANARD

Qui donc construira la cité ? C'est un dur travail !

LA HUPPE

Ce sera nécessairement l'œuvre des plus faibles.

LE CANARD
>   Oui.

PISTHÉTÉRUS
>   Nous organiserons la société logiquement.

LE CANARD
>   Ceux qui ont des appétits excessifs mangeront à leur faim et les autres prépareront la nourriture.

LA HUPPE
>   Tu résumes merveilleusement notre projet.

LE CANARD
>   Mais nous ne sommes pas en nombre.

LA HUPPE
>   Il nous faut en effet recruter des partisans.

PISTHÉTÉRUS
>   Quelques-uns seulement, n'est-ce pas ? Il est inutile d'avoir un trop grand nombre d'amis à récompenser.

LE CANARD, *avec autorité*.
>   Nous avons besoin de deux alliés.

PISTHÉTÉRUS
>   C'est beaucoup !

LE CANARD
>   Ils nous sont indispensables.

LA HUPPE
>   Sans doute ils appartiennent à ta famille ?

LE CANARD
>   Non ! Non ! Pas de népotisme ! Pas encore !

PISTHÉTÉRUS
>   Et quels sont ces auxiliaires précieux ?

LA HUPPE
>   Nécessaires ?

LE CANARD
>   L'Aigle et le Hibou.

PISTHÉTÉRUS
>   Des rapaces !

LE CANARD
>   L'Aigle : oiseau guerrier ! Le Hibou : oiseau sacré !

LA HUPPE
>   Comment les convoquer ?

LE CANARD
>   Ce n'est pas difficile (*A Pisthétérus*). Etends-toi à terre !

PISTHÉTÉRUS
>   Mais...

LA HUPPE
>   Obéis !

PISTHÉTÉRUS
    Soit ! (*Il se couche sur le sol et demeure immobile*).

LE CANARD
    Ne bouge plus ! Fais le mort.

SCÈNE SEPTIÈME

LES MÊMES; L'AIGLE ET LE HIBOU *arrivent rapidement.*

L'AIGLE
    Ce cadavre est à moi !

LE HIBOU
    Ce cadavre est à moi !

L'AIGLE
    C'est un ennemi !

LE HIBOU
    C'est une victime !

L'AIGLE
    Il y eut ici une bataille !

LE HIBOU
    Il y eut ici un sacrifice !

L'AIGLE
    J'invoque le droit de la guerre !

LE HIBOU
    Et moi le droit de la religion !

L'AIGLE
    Dépeçons-le !

LE HIBOU
    Partageons-le !

L'AIGLE
    Je garde le corps ; prends l'âme !

LE HIBOU
    Donne-moi plutôt les pieds.

L'AIGLE
    J'y consens !

PISTHÉTÉRUS, *se relevant*
    Pardon ! Pardon ! Je ne suis pas mort ! Je dormais !

LA HUPPE, *à l'Aigle et au Hibou.*
    Nous avons employé ce moyen pour vous faire venir.

L'AIGLE
    Tu es bien audacieux de disposer ainsi de mon temps, pouvoir civil !

LE HIBOU
    Quel nouvel affront me prépares-tu, pouvoir laïque ?

LE CANARD
>   Nous formons des projets qui ne peuvent que vous être agréables.

L'AIGLE
>   Je me méfie de ta sincérité, oiseau qui nages. Et quel est celui-ci qui semblait mort ?

LA HUPPE
>   C'est un vieillard d'une grande sagesse.

L'AIGLE
>   C'est un homme ! Vous faites alliance avec l'ennemi, avec l'étranger ?

PISTHÉTÉRUS
>   Si tu me connaissais mieux, tu saurais que j'ai abandonné Athènes et mes concitoyens pour assurer la suprématie des oiseaux.

LE HIBOU
>   S'il en est ainsi !

L'AIGLE
>   Il est certain que si tu trahis les tiens, c'est autre chose ! Nous pouvons avoir confiance en ta loyauté. De quoi est-il question ?

LE CANARD
>   Vous êtes gens de haute intelligence. Il est donc inutile d'user avec vous de détours.

LA HUPPE
>   Réunir les oiseaux dans une cité...

PISTHÉTÉRUS
>   Leur imposer les charges qui incombent aux nations policées....

LE CANARD
>   Tirer de cette combinaison tous les avantages que peuvent espérer les maîtres des peuples...

LA HUPPE
>   Tel est notre but...

PISTHÉTÉRUS
>   Nous l'atteindrons avec l'aide de tes guerriers, grand Aigle.

LE CANARD
>   Et de tes prêtres, vénérable Hibou.

LA HUPPE
>   Acceptez-vous de nous prêter votre aide ?

L'AIGLE
>   Oui.

LE HIBOU
>   Avec allégresse !

LA HUPPE
>   Evohé !

PISTHÉTÉRIUS
>   C'est le triomphe !

LE CANARD
>   Désormais, la vie nous sera facile. Nous ne songerons qu'à engraisser.

L'AIGLE
> Imbécile !

LE CANARD
> Quoi ?

LE HIBOU
> Egaré !

LE CANARD
> Hein ?

L'AIGLE
> Tu crois donc que je ne rêve qu'à la joie grossière d'emplir mon ventre ?

PISTHÉTÉRUS
> Chacun prend son plaisir...

L'AIGLE
> Ce qui me séduit, c'est l'idée de former enfin des conquérants. Je veux transformer le plus timide passereau en oiseau de proie.

LA HUPPE
> Et après ?

L'AIGLE
> Je disposerai de soldats redoutables et nous combattrons enfin nos ennemis héréditaires : les hommes !

LE HIBOU
> Je rendrai les oiseaux meilleurs ; je leur enseignerai la résignation et le sacrifice.

LA HUPPE
> Oui ! Oui !

LE HIBOU
> Je les contraindrai à s'agenouiller devant Néphélos, le dieu des Nuées.

LE CANARD
> Farceurs, avouez donc que vous n'avez comme nous qu'un but : l'intérêt personnel.

L'AIGLE
> Tu es aussi niais que les pédagogues qui enseignent aux petits enfants des vérités primaires.

LA HUPPE
> Tu veux dire des vérités premières.

L'AIGLE
> Non ! Non ! Des vérités primaires. Oh ! les primaires !

PISTHÉTÉRUS
> Calme-toi...

L'AIGLE
> Malgré vous, je donnerai à ce peuple l'ivresse de la gloire...

LE HIBOU
> Et je l'élèverai à l'héroïsme de la foi !

LA HUPPE
> Nous verrons... nous verrons...

LE CANARD

Et quel avantage les oiseaux tireront-ils de vos leçons ? Ils seront massacrés dans les batailles et ils chercheront vainement ton dieu Néphélos qui toujours sera caché dans les nuées.

LE HIBOU

S'ils montent imprudemment vers le ciel, ils ne barboteront pas dans tes mares.

LE CANARD

Bon ! Bon !

L'AIGLE

En mourant sous les flèches ennemies, ils se montreront supérieurs à leur propre nature et leurs vertus seront presque divines.

PISTHÉTÉRUS

Mais le résultat ? Quel est le résultat ? Que pensez-vous créer ?

L'AIGLE

De la beauté !

LE HIBOU

Oui ! de la beauté !

LA HUPPE

J'avoue que je ne vois pas...

L HIBOU

Moi, je vois, dans les ténèbres. Tu ne distingues pas ce que produiront les actions courageuses ? Elles produiront une grande lumière, un soleil...

LE CANARD

Un soleil ?

LE HIBOU

Et ce peuple ne sera grand que parce qu'il apparaîtra sous ce rayonnement. Tu ricanes, canard, devant le dieu Néphélos !

LE CANARD

Parbleu ! Il n'existe pas !

LE HIBOU

Il existera cependant.

PISTHÉTÉRUS

Tu nous invites à nous prosterner devant la possibilité d'un dieu ?

LE HIBOU

Il naîtra de nos efforts. Une nation se fait lentement sa divinité ; Néphélos aura toutes les vertus que les oiseaux auront pratiquées et quand nos frères ne seront plus des brutes, quand ils se seront élevés à la perfection, Néphélos sortira de ses nuées : car l'oiseau sera devenu dieu, l'oiseau sera Néphélos lui-même !

LA HUPPE

Et quand ce miracle s'accomplira-t-il ?

LE HIBOU

Dans quelques centaines de siècles.

LE CANARD

D'ici là, sans doute, la ville que nous projetons tombera en ruines.

LA HUPPE

Songeons à la construire. Que l'Aigle réunisse ses guerriers et qu'il oblige les oiseaux à élever les murailles !

PISTHÉTÉRUS

Le hibou doit persuader à tous que Néphélos leur ordonne d'obéir à la Huppe qui est son favori et même son parent.

L'AIGLE

Je donnerai des soins tout particuliers aux remparts.

LA HUPPE

Cela va sans dire; mais n'oubliez pas mon palais.

LE HIBOU

Il importe aussi qu'on élève avant tout un beau temple à Néphélos.

PISTHÉTÉRUS

Naturellement; mais songez à ma maison.

LE CANARD

Et comment appellerons-nous la ville ?

LE HIBOU

Il faut la placer sous la protection du dieu Néphélos.

LES AUTRES

Oui ! oui !

LE CANARD

N'êtes-vous pas d'avis aussi que son nom doit flatter les instincts de la foule ?

PISTHÉTÉRUS

Très bonne idée !

LA HUPPE

Mêlons au nom de la divinité le nom d'un humble oiseau.

PISTHÉRUS

Le moineau !

LE HIBOU

L'alouette !

L'AIGLE

La caille !

LE CANARD

Non ! Les autres oiseaux seraient jaloux !

LA HUPPE

Que faire ?

LE CANARD

Prenons le coucou. Il visite les nids de tous les autres oiseaux. Tous peuvent croire qu'ils appartiennent un peu à sa race.

PISTHÉTÉRUS

Puissamment raisonné !

LA HUPPE

Ce sera donc la ville des nuées et des coucous.

LE HIBOU

 Néphélococcygie !

L'AIGLE

 Vive Néphélococcygie ! Oh ! ma patrie, dont j'ignorais tout à l'heure le nom, je combattrai pour ta gloire et pour toi, je donnerai volontiers tout mon sang ! Tu seras la cité guerrière !

LE HIBOU

 Néphélococcygie, tu seras la ville sainte !

PISTHÉTÉRUS

 Je te salue, Néphélococcygie, tu seras riche entre toutes les capitales !

LA HUPPE

 Car nous avons besoin d'être heureux !

LE CANARD

 Tu seras sale aussi : car il faut que je vive !

TOUS

 Néphélococcygie ! Néphélococcygie ! Néphélococcygie !
 (*Ils sortent en donnant des marques d'enthousiasme.*)

SCÈNE HUITIÈME

EVELPIDE, puis LA GRUE.

 (*Tandis que la Huppe, Pisthétérus, le Canard, le Hibou, l'Aigle pénétrent en criant dans le bois, par le côté opposé entre Evelpide. Il effeuille des marguerites. Le crépuscule tombe.*

EVELPIDE

 Passionnément ! Pas du tout !... Hélas ! Je m'en doutais. Xantippe ne m'aimait pas du tout. Cependant, il me semble bien que, tout à l'heure, j'arrachai deux pétales en croyant en arracher un seul. Le résultat serait bien différent ! Le sort me répondrait : « Elle t'aime ! » Et qui sait si elle ne m'aimait pas ? Elle ne semblait jamais triste quand j'entrais dans sa demeure. Il est certain aussi qu'elle n'était pas gaie : elle restait indifférente et noble. O Xantippe, petite courtisane, que ne suis-je auprès de toi ? Pourquoi ai-je suivi Pisthétérus ?

 (*A ce moment apparaît au fond une apparence de femme qu'on distingue mal. Elle tourne le dos au public et demeure immobile et méditative*).

EVELPIDE

 Mais est-ce un rêve ? L'amour me trouble-t-il si profondément que je pense apercevoir partout ma Xantippe ? C'est bien sa forme que j'entrevois dans la lumière indécise du crépuscule. Poussée par la jalousie, m'aurait-elle suivie ? Ne pourrait-elle vivre sans moi ? Xantippe, est-ce toi ? Réponds-moi ? Ne sois pas coquette ! Est-ce bien toi ?

LA CRÉATURE INCONNUE, *se retournant.*

 Je suis la grue.

EVELPIDE

 Ah !

LA GRUE

 Sais-tu, homme, ce qu'est une grue ?

EVELPIDE

Oui ! Je crois le savoir.

LA GRUE

Je suis l'oiseau qui demeure immobile auprès de l'eau, guettant sa proie.

EVELPIDE

C'est bien cela.

LA GRUE

J'ai de l'estime pour ma silhouette élégante, et je suis préoccupée de ne pas l'altérer. C'est pourquoi je ne bouge guère.

EVELPIDE

Tu crains aussi de te fatiguer.

LA GRUE

Oui !

EVELPIDE

C'est pourquoi tu te tiens en équilibre sur une patte. Tu es soucieuse de conserver tes forces ; tu as le génie de l'épargne.

LA GRUE

Tu me connais bien. Tu possèdes le don de l'observation.

EVELPIDE

J'ai de la mémoire.

LA GRUE

J'ai l'œil calme du philosophe...

EVELPIDE

Cet œil qui ressemble étrangement à l'œil tranquille du ruminant !

LA GRUE

Il est vrai. Qui saura jamais si je pense ou si je digère ?

EVELPIDE

Tu digères ! Tu digères ! Car tu as un appétit merveilleux. La fable rapporte que tu croquas le peuple des grenouilles qui demandaient un roi.

LA GRUE, *sombre*.

Il reste encore des grenouilles. Hélas ! Je ne les ai pas toutes dévorées !

EVELPIDE

Elles sont tes ennemies ?

LA GRUE

Elles troublent mon repos auprès des marais. Elles sautent, elles coassent, elles semblent appeler le passant...

EVELPIDE

L'autre manière !

LA GRUE

Elles se plongent avec délice dans la vase.

EVELPIDE

Tu n'y mets que les pattes et le bec ?

LA GRUE

Mon bec et mes pattes sont de telles longueurs que mon corps et ma tête restent dans l'air pur tandis que je patauge.

EVELPIDE

Ta qualité dominante, o grue, c'est la dignité.

LA GRUE

J'ai de la tenue et de la méthode. Quand le temps devient plus frais, je descends vers le Midi, et, quand il fait trop chaud là-bas, je remonte vers le Nord.

EVELPIDE

Tu es la sagesse même. Eh bien ! je vais t'annoncer une grande nouvelle qui troublera ta quiétude...

LA GRUE

Tu m'étonnes.

EVELPIDE

Les oiseaux vont tous vivre dans une vaste cité qui s'appellera Néphélococcygie.

LA GRUE

Oui ?

EVELPIDE

Tu seras obligée, comme les autres, d'y demeurer.

LA GRUE

Tant que la température y sera douce, j'y resterai. Mais dès que l'air m'y semblera trop chaud ou trop frais, je partirai.

EVELPIDE

Les oiseaux de proie t'arrêteront.

LA GRUE

J'irai vite et je les tromperai par les caprices de mon vol.

EVELPIDE

Grue ! Grue ! Tu seras fatale à la cité qui s'élève !

LA GRUE

C'est possible !

EVELPIDE

J'entrevois des conséquences que tu ne soupçonnes pas.

LA GRUE

Je ne suis pas très intelligente.

EVELPIDE

Soumis à des lois strictes, les oiseaux tenteront bientôt d'y échapper.

LA GRUE

C'est vraisemblable.

EVELPIDE

On voudra obliger chaque femelle à n'aimer qu'un mâle et chaque mâle à n'aimer qu'une femelle.

LA GRUE

Tu plaisantes !

EVELPIDE

Mais oui ! Mais oui ! Il y aura des juges qui gravement examineront si tel pinson, s'est plu auprès d'une pinsone illégitime ou si telle moinette a trahi le moineau conjugal.

LA GRUE

Ce sera gai !

EVELPIDE

Et ils prononceront des jugements, des condamnations.

LA GRUE

Quoi ! Des condamnations parce que... ?

EVELPIDE

Oui ! Parce que... !

LA GRUE

Tu me racontes des histoires !

EVELPIDE

Et quand ces lois sévères accableront le peuple des oiseaux, sais-tu ce qui arrivera ?

LA GRUE

Non !

EVELPIDE

Les oiseaux, je te le dis, en vérité, les oiseaux auront besoin de fantaisie, et ils viendront vers toi.

LA GRUE

Mais je suis très calme : je n'ai pas de fantaisie.

EVELPIDE

Tu les entraîneras cependant vers les pays du soleil ou vers les cimes fraîches.

LA GRUE

Ils s'ennuieront en ma société.

EVELPIDE

Ils auront l'illusion du décor. Ils te pareront de toutes les beautés qu'ils apercevront dans le Midi et dans le Nord, dans les contrées où les entraînera leur désir de liberté, leur besoin de joies nouvelles.

LA GRUE

Tu me fais peur.

EVELPIDE

Je peux te prédire un avenir admirable. Tu traîneras à ta suite un peuple d'adorateurs.

LA GRUE

Ce sera très fatigant.

EVELPIDE

Devant toi s'entasseront toutes les richesses de la cité.

LA GRUE

C'est trop !

EVELPIDE

La Huppe, le Canard, l'Aigle, le Hibou et cet imbécile de Pisthétérus croient qu'ils règneront sur la ville ! La véritable souveraine, ce sera toi, ce sera la grue.

LA GRUE, *avide*.

Je mangerai encore des grenouilles ?

EVELPIDE

Tu mangeras tout : l'or, les pierres précieuses.

LA GRUE, *blessée*.

Je ne suis pas une autruche...

EVELPIDE

Tu mangeras les muscles des travailleurs...

LA GRUE, *avec dégoût*.

Ce ne doit pas être très bon.

EVELPIDE

Tu mangeras l'honneur des timides et la cervelle des oiseaux intelligents.

LA GRUE, *inquiète*.

Mais je vais en crever...

EVELPIDE

Non ! Je crois bien que tu es immortelle !

LA GRUE

Tu me charmes !

EVELPIDE

Tu survis à tous les peuples et à toutes les civilisations ! Gloire à toi, o grue, souveraine de Néphélococcygie.

LA GRUE

Souveraine de l'Univers !

(*Elle sort noblement, suivie d'Evelpide*).

SCÈNE NEUVIÈME

LE FAUNE, LA NYMPHE.

La nuit est tout à fait venue. Des taillis sort un faune qui joue de la flûte. Bientôt une nymphe apparaît. Elle s'avance lentement vers le faune et se couche à ses pieds.

LE FAUNE, *étonné de la voir si près de lui*.

Tu n'es plus craintive cette nuit ? Quand tu m'aperçois sous les rayons de la lune, tu t'enfuis, et je dois courir derrière toi, à travers les buissons. Tu échappes à ma poursuite. Tu redoutes mon étreinte. Et te voici près de moi ! Et je peux jouer avec ta chevelure blonde !

LA NYMPHE

C'est ce que j'ai été attirée par une musique si douce ! Est-ce bien toi qui chantes comme un oiseau ? Je croyais que tu ne pouvais que crier. J'entends encore tes appels farouches et, quand tu étais près de m'atteindre, le grondement de ton désir sur ma nuque qui frissonne.

LE FAUNE

Un dieu m'a donné cette flûte et la science d'en tirer des sons harmonieux ; car il faut qu'une mélodie accompagne le silence de la nuit. Il est nécessaire qu'une plainte délicieuse monte vers Hécate comme la fumée bleue d'un sacrifice.

LA NYMPHE

Le rossignol est-il devenu muet ?

LE FAUNE

O nymphe, apprends qu'un grand malheur est arrivé : les oiseaux ne chanteront plus.

LA NYMPHE

Les oiseaux ne chanteront plus ?

LE FAUNE

Ils ont écouté des fous et des scélérats qui leur ont donné l'amour de l'ordre.

LA NYMPHE

Quoi ! Les oiseaux se dépouillent de la fantaisie ? Ils rejettent ce tissu précieux pour adopter une étoffe vulgaire ?

LE FAUNE

Ils construisent une ville et ils se promèneront dans les avenues en sautillant.

LA NYMPHE

Ils oublient qu'ils ont des ailes.

LE FAUNE

Mais, chère Nymphe, *tu* as des ailes.

LA NYMPHE

Ce n'est que la gaze légère de ma tunique.

LE FAUNE

Quand tu danses, tu effleures à peine la terre et les fleurs sur lesquelles tu te poses s'inclinent doucement comme si elles recevaient la visite d'une abeille. Tu voles !

LA NYMPHE

Tu chantes !

LE FAUNE

Dans les nuits claires, nous évoquerons le passé glorieux de ce peuple.

LA NYMPHE

Les dieux le chérissaient entre tous les peuples parce qu'il était aérien.

LE FAUNE

Souvent il descendait vers le sol pour trouver sa nourriture.

LA NYMPHE

Mais, d'un coup d'aile, il montait vers le ciel bleu.

LE FAUNE

Le matin, le coq saluait le jour et l'alouette, en poussant des cris joyeux, s'élançait follement vers la lumière.

LA NYMPHE

Le soir, les oiseaux aux vastes ailes planaient et semblaient bénir le soleil couchant.

LE FAUNE
    C'était un peuple qui avait la nostalgie des nuées et des astres !

LA NYMPHE
    Il cueillait dans le ciel des étoiles et les apportait aux autres races qui s'en étonnaient.

LE FAUNE
    L'univers se réchauffait à ces flammes dérobées aux dieux olympiens.

LA NYMPHE, *au public.*
    O peuple des oiseaux, monte encore vers les profondeurs bleues !

LE FAUNE, *de même.*
    Vole !

LA NYMPHE, *de même.*
    Chante !

LE FAUNE
    Hélas ! Ce peuple est aujourd'hui comme les autres peuples. Il admire les êtres primitifs et barbares. Il s'incline devant la raison humaine.

LA NYMPHE
    Il croit que l'oie est l'égale de l'aigle.

LE FAUNE
    Il croit que l'oie est supérieure à l'aigle ; car il respecte les animaux sages et domestiqués.

LA NYMPHE
    Jadis son royaume était sans limites : il s'étendait par delà les nuages.

LA FAUNE
    Aujourd'hui il est borné par la logique.

LA NYMPHE
    Ce n'est plus un royaume : c'est une basse-cour.

LE FAUNE
    Aussi le rossignol ne chante plus ; mais on entend sans cesse plus puissants les cris des canards et des dindons, le gloussement des poules.

LA NYMPHE
    Les oiseaux ne chantent plus. Le cygne, qui fut l'enveloppe de Zeus, se tait pendant toute sa vie et, quand il chante, c'est qu'il va mourir.

LE FAUNE
    Nymphe chérie, c'est que les oiseaux n'aiment plus ! Ils sont les esclaves de l'ennui et de la tristesse.

LA NYMPHE
    Ils ne sont plus les fidèles serviteurs d'Eros qui a, comme eux, des ailes.

LE FAUNE
    A l'origine, la nuit a pondu un œuf colossal d'où naquit Eros aux ailes d'or.

LA NYMPHE
    Il s'est uni à la princesse des Ténèbres : ainsi furent créés les oiseaux. Toujours ils durent se défendre contre le désespoir que leur avait légué leur mère.

LE FAUNE

Mais leur père leur inspirait le désir de la joie et leur donnait l'espérance de l'atteindre.

LA NYMPHE

Ils n'écoutent plus la voix d'Éros. Ils ne sont attentifs qu'à la plainte de la princesse ténébreuse.

LE FAUNE

Ils ne chantent plus.

LA NYMPHE

Ils ne volent plus.

LE FAUNE

Mais je tirerai de cette flûte des sons harmonieux et tu danseras. Car je t'aime, nymphe chérie, et les mots ne peuvent dire le tumulte profond de la passion. Seules, les vibrations de la musique peuvent exprimer ma détresse et mon espoir.

LA NYMPHE

Je t'écouterai.

LE FAUNE

Je te regarderai, et les mouvements de ton corps seront déjà l'ivresse de l'amour.

LA NYMPHE

Pour toi je danserai.

LE FAUNE

Et quand tu seras étourdie de la danse...

LA NYMPHE

Grise de ton chant...

LE FAUNE

Tu tomberas peut être dans mes bras.

LA NYMPHE

Et la musique se taira...

LE FAUNE

Mais en nous vibrera une musique nouvelle.

LA NYMPHE

Chante !

LE FAUNE

Vole !

(*Il commence de jouer un air de flûte et la Nymphe danse tandis que, lentement, descend le rideau*).

ACTE DEUXIEME

SCÈNE PREMIÈRE
PISTHÉTÉRUS, LA HUPPE, LE CANARD

PISTHÉTÉRUS
    Il faut prendre une décision énergique.

LA HUPPE
    On dit toujours cela.

PISTHÉTÉRUS
    Cette fois, nous serons inflexibles.

LA HUPPE
    Mais oui, mais oui !

PISTHÉTÉRUS
    Certes, j'admets que les citoyens aient des droits, mais ils ont aussi des devoirs.

LA HUPPE
    Qui prétend le contraire ? Il s'agit seulement de savoir où s'arrêtent leurs droits et où commencent leurs devoirs.

PISTHÉTÉRUS
    Rien de plus simple : ils peuvent tout faire pourvu qu'ils ne troublent pas le bon ordre.

LA HUPPE
    Qu'entends-tu par le bon ordre ?

PISTHÉTÉRUS
    C'est l'ordre que nous avons établi et dont nous tirons profit. Rien n'est plus clair. La nation est en ordre quand nous la gouvernons, quand on aperçoit partout une belle hiérarchie, quand l'oiseau ouvrier ou agriculteur rend hommage à l'oiseau propriétaire qui s'incline devant l'oiseau gouvernemental. As-tu besoin de telles explications ? Mais tu ne dis rien, Canard.

LE CANARD
    Il faut couper quelques milliers de têtes.

PISTHÉTÉRUS
    Tais-toi, oiseau de mare.

LA HUPPE
    Marat !

LE CANARD
    Il faut couper quelques milliers de têtes, car Néphélococcygie va s'écrouler si vous ne tuez pas les révoltés.

PISTHÉTÉRUS

Cependant il faut observer la loi...

LE CANARD

Nous respecterons toujours la loi puisque nous la faisons.

PISTHÉTÉRUS

Je me demande ce qu'ils veulent ! On est bien ici !

LA HUPPE

J'ai engraissé et mon plumage est brillant.

PISTHÉTÉRUS

De quoi se plaignent-ils ? Tous les jours ils nous présentent des revendications. Ils disent qu'ils travaillent trop.

LA HUPPE

Et nous, ne travaillons-nous pas ?

LE CANARD

Pourquoi dites-vous des bêtises sonores ? Nous sommes seuls pourtant ; nul citoyen ne nous écoute. Qui trompe-t-on ici ?

PISTHÉTÉRUS

Ce n'est que l'expression de notre juste colère.

LE CANARD

Les révoltés ont raison.

LA HUPPE

Ce sont des fous.

LE CANARD

Nous savons bien qu'ils ont raison. Ils suivent nos leçons. Nous leur avons dit que tous les oiseaux sont égaux. Ils en concluent que tous les oiseaux ont droit aux mêmes loisirs et aux mêmes salaires. Ils ont raison.

PISTHÉTÉRUS

Il est évident cependant que tous les oiseaux n'ont pas le même appétit ni la même force.

LA HUPPE

Cela tombe sous le sens

LE CANARD

Ils ne sont donc pas égaux.

PISTHÉTÉRUS

Ils sont égaux devant la loi.

LE CANARD

Je t'en prie, Pisthétérus, ne parle pas ainsi quand nous sommes seuls. Tu me blesses. Il me semble que tu me prends pour un faible d'esprit. Tu crois que tu t'adresses à la majorité.

PISTHÉTÉRUS

Je suis sincère.

LE CANARD

Alors tu es gâteux et tu n'es plus digne de conserver la puissance.

PISTHÉTÉRUS

Ah ! si l'on veut ma démission... Je suis las de gouverner, très las... Je suis un pauvre dictateur !

LA HUPPE

Mais oui... Mais oui...
(*Le canard s'éloigne*).

PISTHÉTÉRUS

Tu t'en vas ?

LE CANARD

Puisqu'il est impossible d'avoir une conversation sérieuse...

PISTHÉTÉRUS

Mais non, reste !

LE CANARD

Je n'ai pas de temps à perdre

PISTHÉTÉRUS

Tu n'as rien à faire.

LE CANARD

Pardon ! Je dois commencer mes démarches auprès des factieux.

PISTHÉTÉRUS

Tu plaisantes ?

LE CANARD

Je ne plaisante jamais quand mon intérêt est menacé.

LA HUPPE

Tu ferais alliance avec les rebelles ?

LE CANARD

C'est vous qui, demain, serez les rebelles. Dans les guerres sociales, les rebelles sont ceux qui ne triomphent pas, et vous serez vaincus. Bonsoir, mes amis.

PISTHÉTÉRUS

Pourquoi serons-nous battus ?

LE CANARD

Vous ne résisterez pas à la foule des misérables.

LA HUPPE

Elle est désorganisée.

LE CANARD

Nous y mettrons de l'ordre. Il faut toujours des hommes de gouvernement pour mener à bien une révolution. Vous ne voulez pas couper les têtes de vos ennemis : je couperai vos têtes.

PISTHÉTÉRUS

Tu as la rage de couper !

LE CANARD

Je suis un oiseau très doux, mais je cède aux circonstances.

PISTHÉTÉRUS

Tu ne nous tiens pas encore.

LA HUPPE

Nous avons une armée !

LE CANARD

Vous avez relégué l'aigle parce qu'il avait triomphé de vos ennemis et que vous redoutiez son ambition.

PISTHÉTÉRUS

Tu te méfiais, comme nous, de l'aigle.

LE CANARD

C'est possible ! Mais il fallait être plus habile.

LA HUPPE

Nos soldats ne sont plus des brutes, mais des conscients.

LE CANARD

Quand il s'agit de donner ou de recevoir des coups, je ne fais pas grand cas des penseurs.

PISTHÉTÉRUS

Mais le peuple n'est pas comme toi. Nous l'avons habitué à respecter la pensée. Nous l'avons affranchi des vaines superstitions.

LE CANARD

Quel malheur ! Je m'étais opposé de toutes mes forces à la disgrâce du hibou. C'était un admirable oiseau. Il proclamait la toute puissance et la bonté de Néphélos, le dieu des nuées. Tous vénéraient le maître céleste et son prêtre. Le hibou disait aux pauvres diables : « Souffrez ! La providence vous a favorisés en vous allouant la souffrance terrestre ! Car vous ne souffrirez que pendant quelques dizaines d'années et vous aurez en échange, dans les nuées, une éternité de béatitude ». Les misérables ajoutaient foi à ses discours.

PISTHÉTÉRUS

Cesse de gémir et propose-nous un remède ?

LE CANARD

Il faut rappeler l'aigle et le hibou, il faut arrêter les chefs des factieux.

LA HUPPE

On n'arrête pas la vérité en marche.

LE CANARD

On arrête tout quand on a une bonne police et de l'énergie.

SCÈNE DEUXIÈME

Les mêmes, le Roitelet.

LE ROITELET

Ça ne va pas ! Ça ne va pas du tout !

LA HUPPE

Tu trembles toujours !

LE ROITELET

Dame ! Que deviendrais-je si je perdais ma place ?

PISTHÉTÉRUS
Enfin qu'y a-t-il ?

LE ROITELET
Il y a là une délégation.

PISTHÉTÉRUS
Une délégation ?

LE ROITELET
Les révoltés vous envoient des délégués.

PISTHÉTÉRUS
Je ne les recevrai pas.

LA HUPPE
Très bien !

LE CANARD
Fais entrer les délégués.

PISTHÉTÉRUS
Mais...

LE CANARD
Il faut toujours recevoir une délégation. Quand les révoltés, parlent ils ne détruisent rien.

PISTHÉTÉRUS
C'est un avantage, il est vrai.

LE CANARD
Et puis les délégués sont le plus souvent malins. Ils sont parvenus à inspirer confiance à la foule, puisqu'ils en sont les délégués. Ils ont su la flatter. Ils ont de l'adresse et de l'ambition. Il y a toujours intérêt à s'entretenir avec les délégués.

LA HUPPE
Quels sont les représentants des rebelles ?

LE ROITELET
Xanthias et Manès.

PISTHÉTÉRUS
Mon esclave et l'esclave d'Evelpide ! Je ne les recevrai pas.

LE CANARD
Tu oublies qu'il n'y a plus d'esclaves, mais des citoyens.

PISTHÉTÉRUS
Soit ! Ce sont des citoyens à qui j'ai donné des coups de bâton. Je ne veux pas discuter avec eux.

LE CANARD
Quel préjugé !

LE ROITELET
Je les fais entrer ?

LE CANARD
Naturellement.

(*Le roitelet sort*).

LE CANARD

Tiens-toi bien, Pisthétérus. N'aie pas cette attitude arrogante et noble. Prends un ton familier. Souris. Ne crains pas de les appeler camarades. Ils ont droit à tous les égards puisque tu ne veux pas les envoyer au supplice.

SCÈNE TROISIÈME

PISTHÉTÉRUS, LA HUPPE, LE CANARD, XANTHIAS, MANÈS.

PISTHÉTÉRUS

Salut, camarades

XANTHIAS

Salut et fraternité !

PISTHÉTÉRUS

J'allais le dire.

XANTHIAS

Nous venons Pisthétérus, savoir si vous êtes prêts à examiner les revendications du peuple ailé.

PISTHÉTÉRUS

Non !

XANTHIAS, *s'en allant*.

Donc, adieu !

MANÈS, *de même*.

Adieu !

LE CANARD

Eh de grâce ! arrêtez-vous !

XANTHIAS

Puisqu'il ne veut pas examiner les revendications...

MANÈS

Il a dit : « Non ! »

LE CANARD

A-t-il dit... « Non ! »

LA HUPPE

Non !

XANTHIAS, *au Canard*

Tu entends ! La Huppe aussi, dit : « Non ! »

MANÈS, *s'en allant*

Allons-nous-en !

LE CANARD

La Huppe a seulement dit que Pisthétérus n'avait pas dit : « Non ! »

XANTHIAS

Veut-il, oui ou non, examiner nos revendications ?

LE CANARD

    Oui !

MANÈS

    C'est toi qui dis : « Oui ! » et non Pisthétérus.

XANTHIAS

    Que dit-il, Pisthétérus ?

MANÈS

    Il ne dit rien !

LE CANARD

    Donc, il consent. Examinons.

PISTHÉTÉRUS

    Parlez.

XANTHIAS

    Depuis longtemps, les puissants vivent sans rien faire tandis que souffrent les travailleurs...

PISTHÉTÉRUS

    Oh ! n'envenimons pas le débat.

MANÈS

    Mais c'est là toute la question. D'un côté il y a ceux qui s'amusent et de l'autre ceux qui peinent.

LE CANARD

    Ce ne sont que des idées générales.

XANTHIAS

    Des idées générales ! Viens voir les pauvres volatiles qui s'épuisent à soutenir notre ville. Tu ne me répondras plus que ce sont des idées générales.

PISTHÉTÉRUS

    Enfin que voulez-vous ?

MANÈS

    Nous voulons aujourd'hui des actes, sinon...

PISTHÉTÉRUS

    Quoi ? Des menaces ?

XANTHIAS, *violent*.

    Oui, des menaces.

PISTHÉTÉRUS

    Vous osez ?

MANÈS, *terrible*.

    Parfaitement.

PISTHÉTÉRUS

    Alors, c'est autre chose. Je vous écoute avec bienveillance.

XANTHIAS

    Si vous ne nous accordez pas ce que nous désirons, Néphélococcygie s'écroulera dans une heure.

LA HUPPE
>	Je frissonne.

PISTHÉTÉRUS
>	Comment ?

XANTHIAS
>	Depuis plusieurs mois nul oiseau ne consolide les fondations fragiles qui maintiennent notre cité dans l'air.

MANÈS
>	Il est encore temps d'éviter la catastrophe.

XANTHIAS
>	Cédez, et une armée de travailleurs fera la besogne nécessaire. Venez jeter un coup d'œil sur les bases de la patrie et vous serez convaincus de notre sincérité.

PISTHÉTÉRUS
>	Vite alors ! Nous vous prenons pour secrétaires ; mais calmez la populace.

XANTHIAS
>	Pesez vos paroles. Nous ne sommes pas de ceux qui se laissent corrompre.

LA HUPPE
>	Que voulez-vous ?

MANÈS
>	Etre associés au gouvernement.

PISTHÉTÉRUS
>	Des esclaves, mes égaux ! Jamais !

XANTHIAS
>	C'est ainsi que tu admets l'égalité ?

PESTHÉTÉRUS
>	J'admets l'égalité d'en bas.

XANTHIAS
>	Moi, j'aspire à l'égalité d'en haut.

PISTHÉTÉRUS
>	Impossible ! Impossible !

MANÈS
>	Soit.
>	(*Xanthias et Manès s'éloignent*).

LE CANARD
>	Transigeons !

LA HUPPE
>	Et comment ? Crois-tu que nous allons faire place à deux affamés ?

PISTHÉTÉRUS
>	Ce serait notre ruine.

LA HUPPE
>	Autant vaut l'écroulement de la cité.

LE CANARD
>	Je leur cède ma part.

XANTHIAS
>Comment ?

LE CANARD
>Je suis las des luttes politiques.

MANÈS
>Tu veux dire que tu es repu.

LE CANARD
>Soit ! Admettons ! Je rentre dans la foule ! J'aspire à n'être qu'un oiseau obscur.

PISTHÉTÉRUS
>Tu nous lâches !

LE CANARD
>Je me retire au moment où mon départ vous peut être utile.

XANTHIAS (*à Manès*).
>Dans ces conditions...

MANÈS (*à Xanthias*).
>Il est certain que la place du Canard, c'est quelque chose.

XANTHIAS (*à Manès*).
>Je crois que nous pouvons nous en contenter.

PISTHÉTÉRUS
>Alors ?

XANTHIAS
>Eh bien ! Il est évident que vous êtes disposés à faire de sérieux sacrifices pour le peuple. Vous venez de nous en donner la preuve.

MANÈS
>Cette fois la foule a reçu satisfaction.

XANTHIAS
>Nous allons donc l'inviter à faire le travail nécessaire au maintien de la cité.

PISTHÉTÉRUS
>Allez, mes amis !

LA HUPPE
>Allez espoir de la cité ! (*Sortent Xanthias et Manès, accompagnés du Canard*).

SCÈNE QUATRIÈME

PISTHÉTÉRUS, LA HUPPE.

LA HUPPE
>Et maintenant occupons-nous d'affaires sérieuses.

PISTHÉTÉRUS
>Mais il me semble que c'est ce que nous venons de faire : l'existence de la cité était menacée.

LA HUPPE
>Ce n'est rien.

PISTHÉTÉRUS
>   Aurait-on des nouvelles inquiétantes ? Tu m'effraies !

LA HUPPE
>   Sois sans crainte. J'observe chaque jour l'horizon politique et je n'aperçois rien d'anormal.

PISTHÉTÉRUS
>   Tu es si myope

LA HUPPE
>   Il est vrai que je ne vois pas très loin.

PISTHÉTÉRUS
>   Je me demande même pourquoi nous avons confié le soin de surveiller l'univers à un oiseau dont les yeux sont faibles.

LA HUPPE
>   C'est la coutume.

PISTHÉTÉRUS
>   Coutume absurde

LA HUPPE
>   Cet usage est salutaire. Je n'aperçois pas les orages qui se forment ; ainsi notre cité vit dans une tranquillité heureuse...

PISTHÉTÉRUS
>   Trompeuse ! Car enfin si l'ouragan emportait notre ville ?

LA HUPPE
>   Impossible !

PISTHÉTÉRUS
>   Rappelle-toi qu'il y a peu de temps le ciel était très noir et nous avons tremblé.

LA HUPPE
>   Un rayon de soleil a percé l'obscurité.

PISTHÉTÉRUS
>   Enfin tu comptes sur le hasard ?

LA HUPPE
>   Comme tous les oiseaux qui sont vraiment dignes de gouverner.

SCÈNE CINQUIÈME

LES MÊMES, L'AIGLE.

L'AIGLE, *s'agenouillant.*
>   Je vous en prie ! Je vous en prie ! Au nom de la cité, au nom de Néphélococcygie !

LA HUPPE
>   Que veut celui-ci ?

PISTHÉRUS
>   N'es-tu pas en disgrâce ?

L'AIGLE
>Les forces méchantes s'assemblent. J'ai volé ce matin très haut et j'ai bien vu une tache menaçante, là-bas...

LA HUPPE
>Là-bas ?

L'AIGLE
>Oui, toujours là-bas, à droite, vers l'Est...

PISTHÉTÉRUS
>Toujours la même pensée !

LA HUPPE
>C'est une idée fixe alors ?

L'AIGLE
>Non ! Non ! On croit sans cesse que le ciel est clair, là-bas, et puis il s'assombrit.

LA HUPPE. *d'un cœur léger.*
>Et de nouveau, il devient clair. Ainsi le veut le caprice des vents.

L'AIGLE
>Je vous dis qu'il y a danger !

LA HUPPE
>Mais oui... Toujours la même manie !

PISTHÉTÉRUS
>Ou la même malice. Tu inventes un péril pour avoir le mérite facile de le conjurer. Ainsi tu espères avoir la toute puissance et nous chasser.

L'AIGLE
>Je vous demande seulement de me laisser instruire les oiseaux dans l'art de combattre.

PISTHÉTÉRUS
>Tu ne crois pas sérieusement que nous allons soumettre ce peuple à ta discipline ?

L'AIGLE
>Laissez-moi instruire les oiseaux.

PISTHÉTÉRUS
>Voyons ! Réfléchis ! Ce n'est pas difficile à comprendre...

LA HUPPE
>Tu saisiras, bien que tu ne sois pas un aigle.

L'AIGLE
>Je suis un aigle ! Je suis un aigle !

LA HUPPE
>Donc, tu saisiras, bien que tu sois un aigle.

L'AIGLE
>Parlez !

PISTHÉTÉRUS
>Crois-tu en conscience, qu'en obligeant le peuple à subir tes ordres nous nous concilierons sa faveur ?

L'AIGLE

    Que m'importe ? Il faut le sauver !

LA HUPPE

    Mais il nous rejettera.

L'AIGLE

    Il faut le sauver !

PISTHÉTÉRUS

    Il ne voit pas le danger ; il ne comprend pas la nécessité...

L'AIGLE

    Il faut le sauver ! Malgré lui-même, il faut le sauver !

LA HUPPE

    Quel entêté !

PISTHÉTÉRUS

    Et la liberté ?

L'AIGLE

    Je m'en moque !

LA HUPPE

    Tu te moques de la liberté ?

L'AIGLE

    La liberté ! La liberté ! Nul n'est libre d'agir contre la patrie.

PISTHÉTÉRUS, *avec un grand geste de lassitude.*

    Eh bien ! Réunis les aigles, les vautours, tous les rapaces...

L'AIGLE

    Merci !

PISTHÉTÉRUS

    Et va soutenir les efforts du canard, de Manès et de Xanthias qui cherchent à calmer les révoltés.

LA HUPPE

    Oui ! Oui ! Braves oiseaux, allez contraindre les paresseux à consolider les fondations de la cité.

L'AIGLE

    Non !

PISTHÉTÉRUS

    Tu ne veux pas m'obéir ?

L'AIGLE

    Pour voler contre le peuple ?... Non !... Je veux bien le conduire au combat, mais non le massacrer.

LA HUPPE

    C'est bien ! Tu peux te retirer ! Tu ne seras jamais ministre de la guerre.

    (*L'Aigle se retire avec une correction toute militaire*).

SCÈNE SIXIÈME

PISTHÉTÉRUS, LA HUPPE.

PISTHÉTÉRUS

Cet oiseau là ne comprendra jamais les nécessités de l'heure présente.

LA HUPPE

Laissons cela et parlons de choses sérieuses.

PISTHÉTÉRUS

Oui ! Oui ! Préoccupons-nous de cet orage qui se forme à l'horizon !

LA HUPPE

Même si ce danger était réel, considère, Pisthétérus, qu'il ne serait qu'accidentel et momentané.

PISTHÉTÉRUS

Les conséquences en seraient au moins durables. Songes-tu bien que c'est l'existence même de la cité qui est en jeu ?

LA HUPPE

Il y a un bien plus précieux que l'existence même de la cité : c'est la mentalité des oiseaux.

PISTHÉTÉRUS

La mentalité ?

LA HUPPE

Tu sembles ne pas saisir la valeur de ce mot. C'est toi pourtant qui me l'as enseigné. C'est toi qui m'as offert ce langage sonore et ces raisonnements audacieux. J'en suis devenu friand. Je me délecte de cette nourriture.

PISTHÉTÉRUS

Tu ne l'as pas encore digérée.

LA HUPPE

Non ! Je la rumine, si j'ose dire ! Quel plaisir de la mâcher et de la remâcher sans cesse Depuis que tu m'as livré ces secrets, j'ai toujours quelque chose à me mettre sous le bec. Je picore des mots et parfois des idées : « Mort à l'obscurantisme ! Affranchissement de l'individu ! « Et surtout ces quatre syllabes : Mentalité ! Mentalité ! Mentalité !

PISTHÉTÉRUS

Tu ne sembles pas dans ton bon sens.

LA HUPPE

C'est le délire sacré ! Je suis ivre d'idées générales et j'ai le ventre plein de vérités premières. Ne me parle donc plus des forces passagères qui menacent la cité : je ne m'intéresse qu'à l'absolu. L'absolu, c'est la mentalité de ce peuple. Je veux lu donner une mentalité telle que jamais peuple n'eut pareille mentalité.

PISTHÉTÉRUS

Mais si ce peuple est brisé ?

LA HUPPE

Les morceaux en seront bons, et les savants de l'avenir qui examineront ces restes s'écrieront : « Oh ! oh ! il est fâcheux que ce peuple ait péri. Quelle mentalité ! »

PISTHÉTÉRUS

Mais...

LA HUPPE

Tais-toi ! Voici notre amie la Grue en compagnie d'Evelpide.

SCÈNE SEPTIÈME

Les mêmes, la Grue, Evelpide.

LA GRUE

Savez-vous bien que j'ai pensé ne pas arriver jusqu'à vous ? Nous avons rencontré des brutes qui m'ont adressé des injures.

LA HUPPE

Est-il possible !

LA GRUE

Ce qui me chagrine, c'est que ces cris étaient dénués de toute fantaisie. Les sots ! Ils sont incapables de trouver une insulte qui soit neuve.

PISTHÉTÉRUS

Vous êtes charmante !

EVELPIDE

Elle s'est cultivée. Elle parle avec préciosité ; elle a des gestes étudiés ; elle disserte sur la beauté.

LA HUPPE

Mais — et c'est délicieux — on retrouve sous ces ornements sa véritable nature.

LA GRUE

Oui ! Je suis toujours une grue.

PISTHÉTÉRUS

Ainsi donc ces misérables ont manqué de respect à l'oiseau officiel ?

LA GRUE

Et comment !

LA HUPPE

C'est presque un crime de lèse-patrie. Car enfin, o grue, vous nous représentez ; vous êtes notre amie. C'est auprès de vous que se forment les oiseaux qui sont nés dans des nids de terre boueuse et qui aspirent à gouverner. Vous leur donnez des leçons d'élégance et ils imitent la majesté de votre démarche.

LA GRUE

Mon élégance est grande, je le dois avouer. Ma voracité était jadis tenue en mépris ; mais depuis que je dévore avec grâce, les femelles qui me méprisaient et me détestaient se sont mises à mon école. Elles me demandent quelles recettes j'emploie pour avoir le plumage brillant et la peau bien tendue. Elles suivent mes leçons et ne se préoccupent que de leur beauté. Je suis la gloire de la cité. Ceux qui distribuent l'éloge quotidien me célèbrent, et quand mon humeur vagabonde ou les nécessités de l'existence m'entraînent chez les peuples étrangers, ils m'accueillent avec enthousiasme. Les oiseaux qu'on nomme Grands Ducs et ceux d'Outre-Mer qu'on appelle lords s'écrient : « C'est elle, c'est l'oiseau rare de Néphélococcygie ! »

ÉVELPIDE

    Il est vrai ; elle n'exagère pas.

LA GRUE

    Évelpide, vous êtes insupportable. Parce que vous avez été trompé, à Athènes, par je ne sais quelle fille, vous ne voulez pas me prendre au sérieux.

ÉVELPIDE

    Je vous aime, je vous admire, et je souris.

LA HUPPE

    C'est un mauvais citoyen.

PISTHÉTÉRUS

    Il refuse de prendre part aux affaires publiques : il se contente d'observer et de railler.

LA GRUE

    Oui, il est de ceux qui regardent et ne se fatiguent point.

LA HUPPE

    Nous commençons ?

PISTHÉTÉRUS

    Mais enfin, quel est le sujet de cette réunion ?

LA HUPPE

    Je te l'ai dit : il s'agit de la mentalité publique. L'esprit de ce peuple est en péril ; nous allons le sauver.

ÉVELPIDE

    Et comment ?

LA HUPPE

    Tiens ! Voici l'espoir de la race.

PISTHÉTÉRUS

    Ça ?...

SCÈNE HUITIÈME

LES MÊMES, LE SERIN

(*Le Serin entre, l'air idiot, les plumes ébouriffées*).

ÉVELPIDE

    C'est un jeune serin.

PISTHÉTÉRUS

    Il vient de tomber du nid et il est abruti de sa chute.

LA HUPPE

    C'est le nouveau-né ; c'est l'avenir ! Allons ! jeune serin, réponds : quel est ton idéal ?

LE SERIN

    Je voudrais bien jouer avec mes frères et manger la bonne nourriture que m'apporteront papa et maman.

EVELPIDE

    C'est un peu niais, mais gentil.

LA HUPPE

    C'est déplorable, déplorable ! Convient-il d'être ainsi attaché à ce préjugé : la famille ? Qui t'a donné un tel enseignement ?

LE SERIN

    C'est maman.

LA HUPPE

    A l'amende, la maman !

LE SERIN

    Et c'est aussi papa.

LA HUPPE

    En prison, le papa !

PISTHÉTÉRUS

    Il me semble que...

LA HUPPE

    Silence !

LA GRUE

    Bravo !

LA HUPPE

    Jeune serin, tu ne dois songer, dès ton jeune âge, qu'à devenir un serviteur respectueux de l'Etat.

LE SERIN

    Je veux bien ; mais il faudra me présenter à l'Etat.

LA HUPPE

    L'Etat, c'est moi.

PISTHÉTÉRUS

    Et moi aussi.

EVELPIDE

    Et d'autres encore.

LA GRUE

    Enfin, l'Etat, c'est nous !

LE SERIN

    Ah !

LA HUPPE

    Comprends-tu ?

LE SERIN

    Pas très bien.

LA HUPPE

    C'est clair pourtant.

LE SERIN

    Alors je serai ton serviteur et le serviteur des deux étrangers, et de la Grue. Quel métier !

LA HUPPE

Nous ne te demandons pas une aide matérielle, mais morale. Il faudra que tu approuves toutes nos actions.

LE SERIN

C'est entendu.
(*La grue remonte au fond de la scène et reste méditative*)

PISTHÉTÉRUS

Et maintenant laisse-le tranquille. Son éducation est achevée.

LE SERIN

Ça suffit ? Parfait ! (*Il s'éloigne ; la Huppe le retient*).

LA HUPPE

Pardon ! Ça ne suffit pas. Cette soumission d'esclave nous répugne : nous ne voulons autour de nous que des oiseaux libres et qui soient venus à nous en toute indépendance.

LE SERIN

Alors, je m'en vais. (*Il veut s'enfuir ; la Huppe l'arrête*).

LA HUPPE

Veux-tu bien rester ici, misérable, ou tu seras châtié !

EVELPIDE

Vive la liberté !

LA HUPPE

Eh bien ?

PISTHÉTÉRUS

Ne crois-tu pas qu'il vaudrait mieux laisser ce petit oiseau jouer et chanter ?

LA HUPPE

Tu es fou. Il faut en faire, sans tarder, un citoyen.

LE SERIN

Je veux m'en aller !

PISTHÉTÉRUS

Il n'a aucune disposition. Il est comme tous les jeunes oiseaux : il n'a nulle sympathie pour le gouvernement.

LA HUPPE, *au jeune serin.*

Tu n'aimes pas le gouvernement ?

LE SERIN, *craintif.*

Mais...

LA HUPPE, *terrible.*

Tu n'aimes pas le gouvernement ?

LE SERIN, *mourant de peur.*

Mais si, mais si !

LA HUPPE

Tu es un très gentil petit citoyen.

PISTHÉTÉRUS

Viens m'embrasser !

LA HUPPE

    Où donc est la Grue.

EVELPIDE

    Elle digère !

LE SERIN

    Oh ! ma chère grue, venez ici.

    (*La grue redescend*)

PISTHÉTÉRUS

    Nous avons besoin de vous pour instruire cet enfant.

LA GRUE, *très grave*.

    Tu as bien compris, mon petit, que tu n'avais de devoirs qu'envers l'Etat ?

LE SERIN

    On vient de me le dire.

PISTHÉTÉRUS

    Elle va, maintenant, te résumer, en un mot, toute ta ligne de conduite.

LA HUPPE

    Ecoute bien ce mot.

LE SERIN

    J'écoute.

LA GRUE

    Jouis !

EVELPIDE

    Quoi ?

LA GRUE

    Jouis !

LE SERIN

    Bah ?

LA HUPPE

    Ne te sacrifie jamais à un devoir.

LA GRUE

    Jouis !

PISTHÉTÉRUS

    Repousse toute velléité d'abnégation.

LA GRUE

    Jouis !

EVELPIDE

    Sois égoïste par devoir et par principe.

LA GRUE

    Jouis !

LE SERIN

    Je jouirai.

LA HUPPE

Mais que ta jouissance ne trouble pas la sécurité publique et le bon ordre !

LA GRUE

Retiens-toi !

PISTHÉTÉRUS

Ne jouis pas plus que les autres citoyens.

LA GRUE

Retiens-toi !

EVELPIDE

Jouir de l'existence plus que la foule, c'est contraire à l'égalité.

LA GRUE

Retiens-toi !

LE SERIN

Je ne jouirai donc qu'avec modération.

LA GRUE

Tu as compris. Il ne faut pas jouir selon ses forces, mais selon la moyenne des forces.

LE SERIN

Pourtant, — et je ne dis pas cela pour vous blesser, — il me semble que vous jouissez de l'existence plus que la foule des oiseaux.

LA HUPPE

Nous sommes le gouvernement.

LE SERIN

Les oiseaux qui sont habiles à découvrir les métaux précieux me paraissent aussi...

PISTHÉTÉRUS

C'est encore le gouvernement...

LE SERIN

Et les femelles jolies ?...

LA GRUE

C'est tout à fait le gouvernement.

LE SERIN

Ne pourrais-je pas en être, un jour, du gouvernement ?

PISTHÉTÉRUS

Oui, si tu es sage !

LA HUPPE

Si tu te laisses guider par nous, et par nos délégués qui donnent l'instruction.

LA GRUE

Et si tu cries toujours, joyeusement, quand nous passons (*La Grue, la Huppe, Pisthétérus chantent sur l'air de l'Internationale.*) Cui... cui... cui... cui... cui...

LE SERIN

Oh ! Ce n'est pas difficile ! Je veux bien !

LA HUPPE

Et si quelqu'un célèbre devant toi le passé, que feras-tu ?

LE SERIN

Eh bien... rien...

LA HUPPE

Tu viendras aussitôt me le dire. Il ne faut pas qu'on entrave l'œuvre de nos délégués qui donnent l'instruction.

EVELPIDE

Tu entends ? Si ton père et ta mère te parlent des dieux et t'invitent à prier, tu en avertiras la Huppe, et tes parents seront bannis : mais tu seras bientôt fonctionnaire.

LE SERIN

Ainsi je serai le maître de mon père et de ma mère ?

LA HUPPE

Oui ! S'ils ne sont pas de bons oiseaux.

LE SERIN

Et je pourrai me moquer des divinités qu'ils vénèrent ?

LA HUPPE

Ils vénèrent des divinités ! Ils t'ont peut-être mené vers le temple de Néphélos ?

LE SERIN

Ils ne m'ont jamais parlé de Néphélos. Ils adorent Apollon qui est le dieu de la lumière et du chant.

PISTHÉTÉRUS

C'est moins grave.

LA GRUE

Ce n'est qu'une fantaisie d'artiste.

(*La Grue remonte au fond de la scène et semble réfléchir*).

LE SERIN

Je peux donc adorer avec eux Apollon ?

LA HUPPE

Tu peux adorer tous les dieux, à l'exception de Néphélos.

LE SERIN

Pourquoi ?

LA HUPPE

Parce que c'est la divinité nationale et qu'elle est liée à la gloire ancienne de notre cité.

PISTHÉTÉRUS

Néphélos est donc l'ennemi du progrès. A bas Néphélos !

LA HUPPE

Mort à Néphélos !

SCÈNE NEUVIÈME

LES MÊMES, LE HIBOU.

LE HIBOU, *apparaissant*.

Et moi, je te dis, mon enfant : « Gloire à Néphélos ! »

LA HUPPE
>   N'écoute pas cet oiseau de la nuit !

PISTHÉTÉRUS
>   Il ne peut vivre que dans les ténèbres.

LA HUPPE
>   Et d'abord que viens-tu faire ici ? Ne te rappelles-tu pas que nous t'avons enlevé le droit de posséder, de parler, d'enseigner, et, en général, tous les autres droits ?

LE HIBOU
>   Vous auriez même voulu m'enlever le droit de vivre.

PISTHÉTÉRUS
>   Je me demande en effet pourquoi je ne t'ai pas cloué à la porte d'une maison.

LA HUPPE
>   Comme une chauve-souris !

LE HIBOU
>   Ou comme un dieu !

LA GRUE, *redescendant*.
>   Eh ! laissez-le !

LE HIBOU
>   D'où sort celle-ci ?

LA GRUE
>   Je digérais.

LE HIBOU
>   Je te prie de ne pas me défendre. Je veux choisir mes alliés.

LA GRUE
>   Tu n'es pas gentil. Tu me parles rudement, comme les prophètes sauvages qui précédèrent Néphélos. D'ailleurs, il ne me déplaît pas d'être rudoyée. Comme toutes les femelles des oiseaux je suis destinée à recevoir les coups de bec des mâles et j'aime ces violences : je suis une sentimentale.

LE HIBOU
>   Mais ne fais-tu pas alliance avec ceux-ci qui sont les maîtres ? Tu les reçois dans ton nid !

LA GRUE
>   Je partage leur pouvoir, mais non leurs idées. Ils savent bien que, malgré moi, j'ai de la sympathie pour Néphélos qui fut indulgent à l'une de mes aïeules.

LE HIBOU
>   C'est qu'elle se repentait !

LA GRUE
>   Je n'observe aucun de ses commandements ; je l'aime de loin, mais je l'aime.

LE SERIN
>   Qui est donc ce Néphélos dont tu parles avec tendresse ? Le hibou ne me donnait pas envie de le connaître, mais tu en parles avec un tel émoi...

LA HUPPE, *à la grue*.
>   Tu vois l'effet de ta sensibilité ? C'est grâce aux femelles que Néphélos renaît sans cesse.

LE SERIN
>	Je veux connaître Néphélos !

PISTHÉTÉRUS
>	Tu vas recevoir le fouet !

LE SERIN
>	Que m'importe ?

EVELPIDE
>	N'insistez pas. Il aurait l'âme d'un martyr !

LE HIBOU
>	Pourquoi ne me laissez-vous pas révéler à cet enfant la grandeur de Néphélos ?

LA GRUE
>	Parle ! Parle ! Prêtre de Néphélos !

PISTHÉTÉRUS, *au serin.*
>	N'écoute pas ce sermon, mon enfant.

LA HUPPE, *au Hibou.*
>	Ose donc lui dire comment ton dieu le considère.

LE HIBOU
>	Comme son fils.

PISTHÉTÉRUS
>	Et aussi comme de la vile poussière.

LE SERIN, *révolté.*
>	Ah ! mais non ! Je ne peux pas être de la poussière.

PISTHÉTÉRUS
>	Parbleu ! Tu es citoyen de la nation ailée.

LA HUPPE
>	Un oiseau libre et penseur.

EVELPIDE, *ironique.*
>	Tu es le roi du monde ! C'est certain.

LE HIBOU
>	Tu n'es qu'un serin.

LA GRUE
>	Pourquoi le lui dire ? Je m'en aperçois souvent ; je ne le dis jamais.

LE HIBOU
>	Tu n'es qu'un serin. Viens avec moi : tu connaîtras ta faiblesse et tu t'accoutumeras à l'humilité.

PISTHÉTÉRUS
>	Viens avec nous qui célébrons ta grandeur !

LE HIBOU
>	Ils te flattent !

LA HUPPE
>	Il t'abaisse !
>	(*La Huppe, Pisthétérus et le Hibou ont saisi le serin et veulent l'entraîner dans des directions opposées*).

LE SERIN
>   Ne me secouez pas ainsi ! Je sens que j'ai mal à la tête !

LA GRUE, *soupirant*.
>   Oh ! oui ! C'est fatigant de penser !

>   (*On lâche le serin*).

PISTHÉTÉRUS
>   Fuis cet oiseau. Il y a autour de lui une odeur de cadavre.

LE HIBOU
>   Laisse-là ces imbéciles. Le souci de l'art aurait dû les empêcher de persécuter Néphélos et de détruire ses temples. Mais ils n'ont rien dans le cœur, rien dans le cerveau.

LA GRUE, *avec conviction*.
>   Rien dans rien !

SCÈNE DIXIÈME

LES MÊMES, LE DIEU DE PIERRE, JUPITER, BACCHUS.

PISTHÉTÉRUS
>   Mais qui se permet d'entrer dans l'espace qui nous est réservé ?

LA GRUE, *avec un intérêt professionnel*.
>   Voyons !

EVELPIDE
>   N'insiste pas : ce sont des malheureux.

LA HUPPE
>   La mendicité est interdite.

JUPITER
>   Hélas ! Ayez pitié de pauvres créatures que vous avez réduites à la misère !

BACCHUS
>   Nous sommes vos victimes.

LE DIEU DE PIERRE
>   Oï ! Oï !

LE SERIN
>   Qui êtes-vous donc ?

LE HIBOU
>   Ah ! ah ! Je crois que je les reconnais. Celui-ci n'est-il pas le père des dieux ?

JUPITER
>   Tu l'as dit, oiseau clairvoyant : je suis Jupiter et celui-ci est Bacchus.

PISTHÉTÉRUS
>   Des dieux ! Nous leur ferons le meilleur accueil.

LA HUPPE
>   Les athées sont toujours flattés de recevoir la visite des dieux...

EVELPIDE
>   Comme les républicains sont fiers d'être les hôtes des rois.

LA GRUE (*faisant du charme*)

S'il est vrai que tu es Jupiter, tu dois toujours avoir la faculté de te changer en pluie d'or ?

LE SERIN

Fais voir !

LA GRUE

Fais pleuvoir !

JUPITER

Hélas ! Je n'ai plus la souplesse nécessaire à ces métamorphoses. Je me contente de rester immobile, dans les nuages.

LA HIBOU

Et comment vis-tu ?

JUPITER

Très mal, depuis que les oiseaux ont fondé ce royaume.

PISTHÉTÉRUS

Comment ?

JUPITER

Nous avions encore quelques fidèles qui nous offraient des sacrifices. Mais depuis que vous avez fondé Néphélococcygie, cette ville aérienne arrête les fumées qui s'élèvent vers nous. Rien n'arrive à nos narines et à nos bouches.

BACCHUS

Nous serions morts de faim, si nous n'étions immortels. Mais l'immortalité ne nous empêche pas de souffrir. Voyez comme je suis pâle et maigre. Et pourtant j'étais le joyeux Bacchus !

LA GRUE

Et celui-ci qui ne dit rien ?

JUPITER

C'est un dieu qui existait avant nous : on l'appelle le dieu de pierre.

LA GRUE, *avide*.

Précieuse ?

JUPITER

Non ! Du simple silex.

LE DIEU DE PIERRE

Oï ! Oï ! Oï !

BACCHUS

Vous entendez ? On ne comprend jamais ce qu'il dit : il semble toujours proférer des oracles

LE DIEU DE PIERRE

Oï ! Oï ! Oï !

PISTHÉTÉRUS

Bref, que voulez-vous ?

JUPITER

Nous vous prions de creuser dans votre cité un vaste trou qui permette à la fumée des sacrifices de monter jusqu'aux Olympiens.

EVELPIDE
Faire des trous dans une cité ! Tu n'y songes pas ! Les temps ne sont pas encore venus !

BACCHUS
Vous refusez ?

LE SERIN
Certes.

JUPITER
J'ai employé d'abord la prière, parce que je suis poli. Maintenant écoutez mes menaces : si vous ne m'obéissez pas, je lancerai la foudre sur Néphélococcygie.

LA GRUE, *coquette*.
Où est ta foudre ?

JUPITER
La voici.

(*Il montre une foudre très molle*).

LE HIBOU.
Elle me paraît en mauvais état, et depuis longtemps. Ce ne sont pas les oiseaux qui t'ont désarmé : c'est Néphélos.

JUPITER, *furieux*.
Ne prononce pas devant moi le nom de ce dieu intransigeant et mal élevé.

LE DIEU DE PIERRE
Hou ! hou ! hou !

BACCHUS
Ce dieu barbare a brisé nos statues et détruit nos temples qu'il aurait dû respecter au nom de l'art....

LA HUPPE
Tu vois, hibou, on a commis au nom de ton dieu toutes les actions dont il souffre aujourd'hui.

LE SERIN
Qui croirai-je ?

LA GRUE, *aimable et le caressant*.
Moi !

LA HUPPE, *saisissant le serin*.
Ne te laisse pas troubler, mon enfant, prends ma morale.

PISTHÉTÉRUS, *de même*.
Oui ! Elle est solide, pas cher, et brevetée, avec garantie du gouvernement.

LE HIBOU, *de même*.
Prends mon dieu !

JUPITER, *de même*.
Prends-moi !

BACCHUS, *de même*.
Non ! Prends-moi plutôt, car je t'enseignerai l'ivresse salutaire et sacrée.

LE DIEU DE PIERRE, *sans bouger.*
>Oh ! oh ! oh !

EVELPIDE
>Je te conseille le dieu de pierre. Il ne dit rien, il ne promet rien ; il ne te réserve nulle déception. C'est tout ce que les mortels peuvent espérer d'une religion ou d'un système.

LE HIBOU, *se retournant contre Evelpide.*
>Misérable !

PISTHÉTÉRUS, *de même.*
>Unissons-nous contre le scepticisme qui détruit les philosophies...

LA HUPPE, *de même.*
>Les cités...

LA GRUE, *de même.*
>L'amour...

LA HUPPE, *allant vers Evelpide qu'il menace.*
>A mort les étrangers qui détruisent tout.

LE HIBOU, *de même.*
>Ce sont des gens sans morale.

JUPITER, *de même.*
>Et même sans préjugés

LA GRUE, *de même.*
>Il leur manque quelque chose !

LE DIEU DE PIERRE
>Mor ! Mor ! Mor !
>(*Grand silence. Tout le monde regarde le Dieu de Pierre.*)

LE HIBOU, *d'une voix mystérieuse.*
>Qu'a-t-il dit ?
>(*Il va vers le Dieu de Pierre*).

PISTHÉTÉRUS, *de même.*
>Il a dit : « Mor... »
>(*Tous les personnages, sauf Evelpide, se sont approchés du Dieu de Pierre et semblent l'interroger.*)

LA HUPPE, *au Dieu de Pierre.*
>Mort à qui ?

JUPITER, *de même.*
>Mort à quoi ?

BACCHUS, *de même.*
>Mort ?

LE DIEU DE PIERRE
>Raujuifs !

JUPITER
>Raujuifs ! Quel est ce terme ?

PISTHÉTÉRUS
>J'avoue que je ne comprends pas !

EVELPIDE
>	Ne faites pas attention : c'est un dieu idiot.

LA HUPPE, *saisissant le serin.*
>	Qu'importe ! A nous l'enfant !

JUPITER, *de même.*
>	A moi !

LE HIBOU, *de même.*
>	Sacrifice !

JUPITER, *de même.*
>	Nature !

BACCHUS, *de même.*
>	Ivresse surnaturelle !

LA GRUE, *de même.*
>	Chair !

LA HUPPE, *de même.*
>	Science !

PISTHÉTÉRUS, *de même.*
>	Raison !

LE DIEU DE PIERRE, *immobile.*
>	Néant.

EVELPIDE
>	Sauve-toi, mon petit !

LE SERIN, *se débattant.*
>	Je ne peux pas ! Ils me tiennent ! Ils m'étouffent ! Ils vont me tuer !

LA HUPPE
>	C'est pour ton bien et pour la gloire de la cité !

SCÈNE ONZIÈME

LES MÊMES, L'AIGLE.

L'AIGLE
>	La nuée s'avance. Elle est formidable. Défendons-nous !

JUPITER
>	Oh ! Mars !

LA HUPPE
>	Laisse-nous tranquille !

PISTHÉTÉRUS
>	Nous avons autre chose à faire !

LE HIBOU
>	Nous entendrons un autre jour tes balivernes !

L'AIGLE
>	Comment, hibou, toi aussi !

LE HIBOU

    Il s'agit d'une âme, et tu viens me parler du corps !

SCÈNE DOUZIÈME

LES MÊMES, LE CANARD.

LE CANARD

    Attention ! Tournant dangereux ! Xanthias et Manès n'ont pu persuader aux révoltés de se remettre au travail ! La cité va s'écrouler !

LA HUPPE

    Ça nous est égal. Serin, décide-toi.

LE SERIN

    Mais...

LE HIBOU

    Choisis...

LE CANARD

    Vous êtes fous !

PISTHÉTÉRUS

    Allons ! Réponds !

    (*Formidable explosion. Tout le monde se sauve, à l'exception de Pisthétérus et Evelpide*).

SCÈNE TREIZIÈME

PISTHÉTÉRUS, EVELPIDE.

    (*Ils sont tombés à terre et se relèvent lentement*).

PISTHÉTÉRUS, *revenant à lui*.

    Qu'a-t-il répondu ?

EVELPIDE, *de même*.

    Rien.

PISTHÉTÉRUS

    J'ai pourtant entendu quelque chose.

EVELPIDE

    Ce n'était pas sa voix.

PISTHÉTÉRUS, *regardant vers le bois*.

    Hélas ! Que s'est-il passé ? Je n'aperçois plus la cité des oiseaux !

SCÈNE QUATORZIÈME

LES MÊMES, MANÈS, XANTHIAS.

    (*Ils entrent piteux, Manès porte l'outre*).

MANÈS

    La cité s'est écroulée.

XANTHIAS
> Et les oiseaux se sont envolés.

PISTHÉTÉRUS
> Eh bien ! Vous êtes heureux du résultat ?

EVELPIDE, *joyeux*.
> Nous n'avons plus qu'à retourner à Athènes.

PISTHÉTÉRUS, *grognant*.
> Tu souris parce que tu vas revoir ta chère Xantippe qui te trompera encore.

EVELPIDE
> La femme ne trompe pas plus que la politique, et du moins elle nous offre des minutes agréables.

PISTHÉTÉRUS, *avec mépris*.
> Amant !

EVELPIDE, *de même*.
> Ambitieux !

(*Ils s'éloignent vers la ville*).

SCÈNE QUINZIÈME

MANÈS, XANTHIAS.

XANTHIAS, *désignant les vieillards qui s'en vont*.
> Imbéciles !

MANÈS
> Et ne sommes-nous pas aussi bêtes que ces vieillards ?

XANTHIAS, *après avoir réfléchi*.
> Il est vrai que dans cette cité nous avions une existence heureuse.

MANÈS
> Bah ! Nous étions pauvres...

XANTHIAS
> Nous allions peut-être devenir riches.

MANÈS
> Nous étions des esclaves.

XANTHIAS
> On nous avait affranchis...

MANÈS
> En es-tu bien sûr ? Celui qui est né dans la misère et la servitude y demeure presque toujours : c'est sa destinée. Que nous soyons à Nephélococcygie ou bien à Athènes ou bien ailleurs, nous ne nous élèverons jamais.

XANTHIAS
> Alors, que perdons-nous dans l'écroulement de la ville ? Nous voilà tels que nous sommes arrivés. Quelle différence vois-tu ?

MANÈS

Une grande !... L'outre ...

XANTHIAS

Eh bien quoi ?... L'outre ?...

MANÈS

Quand nous sommes arrivés, elle était pleine ! Et maintenant....

XANTHIAS

Maintenant ?...

MANÈS

L'outre est vide !

(*Ils suivent tristement la route qu'ont prise les vieillards*).

RIDEAU

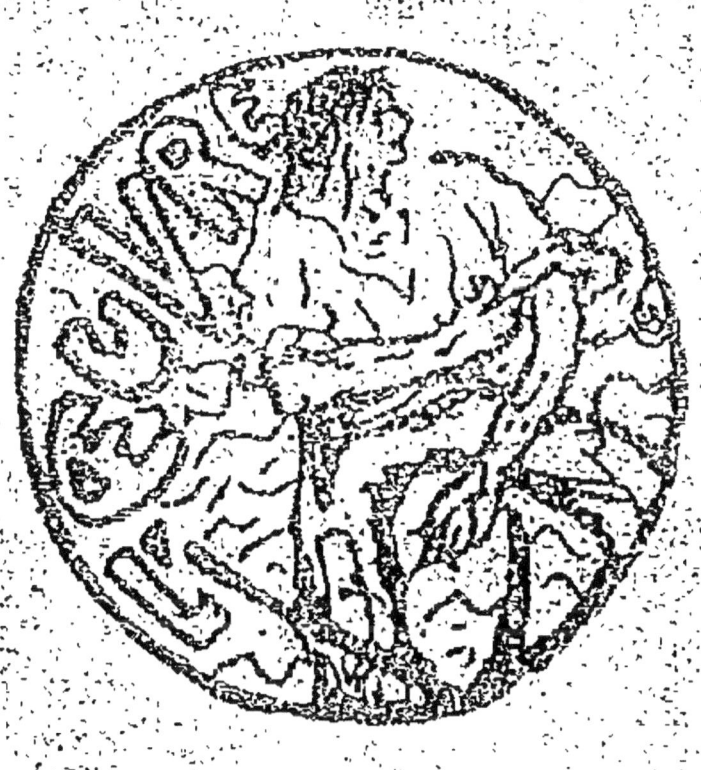